بسم الله الرحمن الرحيم

İstanbul - 1436/2015

Nureddin YILDIZ

1960 yılında Trabzon'un Of ilçesinde doğdu. Hafızlığını ve ilk dinî eğitimini babası Hilmi Yıldız Hocaefendi'nin yanında tamamladı. İstanbul-Gaziosmanpaşa İmam Hatip Lisesi'ne devam ederken değişik gazetelerde haftalık yazılar ve tercümeler kaleme almaya başladı. Aynı zamanda kürsü hatipliğine devam etti. Öğrencilik yıllarında Milli Türk Talebe Birliği ve Akıncılar Teşkilatı'nda aktif görevler üstlendi.

İmam hatip lisesinin ardından Marmara Üniversitesi İlahiyat Fakültesi'nde bir dönem eğitim gördükten sonra Mekke Ümmü'l-Kura Üniversitesi'ne geçiş yaptı. Burada Usul-u Fıkıh bölümünü bitirdi. Mekke'de bulunduğu süre içerisinde hadis hocalarından özel dersler ve icazetler aldı. Suriyeli muhaddis Abdulfettah Ebu Gudde, Hindistanlı âlim Ebu'l Hasen En-Nedvi ve Osmanlı ulemasının son devir temsilcilerinden Mehmet Emin Saraç Hocaefendi, icazet aldığı hocalarından bazılarıdır.

İstanbul'a döndükten sonra sürekli içinde bulunduğu eğitim ve sivil toplum faaliyetlerine yeni bir ivme kazandırdı. Hafızlık ve din eğitimi alanında değişik kurum ve kuruluşlarda grup eğitimleri verdi.

Teşkilatlanma bilinci ve sivil toplumculuk alanında özel çalışmalarda bulundu. Tercümelerin yanında özgün eserler kaleme almaya başladı. Başta Senabil Hizmet ve Kültür Vakfı olmak üzere birçok sivil toplum örgütünün kuruluşuna katıldı. Hâlen birçoğunun yönetim, denetleme ve istişare kurullarında görevleri bulunmaktadır. Son olarak da Sosyal Doku Derneği'nin kuruluşuna fikrî öncülük yaptı.

Tebliğ ve irşat faaliyetleri kapsamında çocuk ve gençlerin eğitimi, örnek aile modeli, İslam ahlakı, teşkilat eğitimi, ümmet bilinci vb. konularda yüzlerce seminer ve konferans vermiş, hâlen vermeye devam etmektedir. Çeşitli dergilerde düzenli olarak yazıları yayınlanmaktadır.

Senabil Hizmet ve Kültür Vakfı ve Sosyal Doku Derneği'nde çalışmalarını sürdürmektedir. Evli ve dört çocuk babasıdır. Dünya Müslüman Âlimler Birliği ve Türkiye Âlimler Birliği'nin ilk üyelerinden olup sohbetleri *sosyaldoku.com* üzerinden yayınlanmakta, *fetvameclisi.com* adresinden de sorulara cevap vermektedir.

Telif Eserleri:

1) İşi Vaktinden Çok Olanlar (4 Cilt)
2) Rahmetin Kapısında
3) Mü'min Kimliğimiz
4) Edep ve Amel
5) Dinimize Hizmetin İç Sorunları
6) En Sevgiliden Uzanan Dallar (2 Cilt)
7) Ramazan Risalesi
8) Anahtar Cevaplar
9) Hani Din Hepimizindi?
10) Kıblegâh Evler
11) Baldan Tatlı Sözler
12) Medine Raporu
13) Bu Zamanın Sabrı
14) Aile Davamız
15) Geminin Neresindeyiz?
16) Mahrem Cevaplar
17) Namaz Muhasebesi
18) Hâlimizin İzahı
19) Hanımlar İçin İnciler
20) Mektubunuz Var
21) Mü'min Ev
22) Arş'ın Gölgesindeki Genç
23) Doğal Aile
24) Elbette Allahuekber
25) Mücahide Kadın
26) Bir Umut Bir Mektup (3 Cilt)
27) Hür Yürekli Genç

Tercüme Eserleri

1) Medine Toplumu
   Prof. Dr. Ekrem Ziya Ümeri
2) Düzeltilmesi Gereken Kavramlar
   Muhammed Kutup
3) Kur'an'da Resûlullah
   Prof. Dr. M. Ali Haşimi
4) İslam İnancı
   Muhammed Kutup
5) İslami Çalışma Metodu
   Mustafa Muhammed Tahhan
6) Kur'an ve Sünnet'e Göre Müslüman Kadının Şahsiyeti
   Prof. Dr. M. Ali Haşimi (Heyet)
7) İslam Fıkıh Ansiklopedisi
   Prof. Dr. Vehbe Zuhayli (Heyet)
8) Sosyal Bilimler Ansiklopedisi
   (Heyet)
9) Et-Tefsirul Münir
   Vehbe Zuhayli (Heyet)
10) Bulûğu'l Merâm Şerhi
   Nureddin Itr (Heyet)

Yakın Zamanda Yayınlanacaklar

- Ömer Müslümanlığı
- Tıbba Müslümanca Bakış
- Riyazüssalihin Kapısı
- Kur'an Her Şeyimiz
- Siyasete Nübüvvet Mührü
- Sünnet Neden Garip?

Tahlil Yayınları: 80

Nureddin Yıldız Kitaplığı: 27

Yayın Editörü
Sadullah Yıldız

Kapak Tasarım
Murat Barçın

İç Tasarım
Furkan Selçuk Ertargin

Sanat Danışmanı
Abdülbaki Kömür

1. Baskı: Eylül 2014
3. Baskı: Nisan 2015

Baskı - Cilt
Şenyıldız Matbaacılık
Sertifika No: 11964 Tel: (0212) 483 47 91

ISBN
978-605-5271-33-6

İletişim Adresi
Kartaltepe Mah. 60. Sok. No: 50 Bayrampaşa/İSTANBUL
Tel/Faks: (0212) 417 77 75

tahlilyayinlari.com
editor@tahlilyayinlari.com

Her hakkı mahfuzdur.

Hür Yürekli Genç

Nureddin Yıldız

TAHLİL
YAYINLARI

ithaf

Erkeğe
Ve kadına,
Her yürek sahibine ithaftır.
Erkeklik kadınlık değil,
Hürriyet veya esarettir konuştuğumuz.
Bedenini tertemiz,
Aklını berrak,
Fikrini saf tutabilmiş her gence,
Erkeğine ve kızına ithaftır.

Rabbimiz!

Ey Rabbimiz!
Sana layık olduğun bütün
hamdlerle hamd ederiz.
Peygamberin Muhammed'e,
ehlibeytine, ashabına
salat ve selam ederiz.
Kabul buyur bizden
ey Rabbimiz.

İçindekiler

Genç! Sen, Sözlerin Önündesin

En başta şehvetlerin,

Sonra çevren, seni yanlış yönlendiren kötü örnekler,

Ardından tembelliğin seni esir eden prangalarındır.

Yüreğini elinde tutar onlar.

Meleklerle yarışacak gücünü onlar eritir de sen çöker kalırsın bu dünyada.

Seni bekler durur Mus'ablar, Hamzalar cennetlerde. Sen ise prangalı olduğun için ne yürüyebilirsin ne de uçabilirsin.

Kırıp attığın zaman prangalarını hür olacaksın. O zaman, seni bekleyen Mus'ablar gibi Hamzalar gibi olacaksın. Umut olacaksın seni bekleyenler için.

Bu sözler senin içindir.

Hürriyetin Anlamı

Allah'tan başkasına kul olmamak,
Büyük niyetli, büyük düşünür olmak,
Nimet kıymeti bilmek,
En büyük nimet olarak da imanı, sıhhati ve anne babayı bilmek,
Namaz başta olmak üzere ibadetlerde istikrarlı olmak,
Tabii olmak, tabii kalmak,
Başladığını bitirmek,
Ciddi ve mütevazı olmak,
Dünyaya tapınmamak ama onu da salmamak,
Gençliğin cazibelerine kanmamak,
Kabiliyetlerini köreltmemek,
Disiplinli ve vakur olmak,
Dünyayı imtihan bilip, imtihanı kazanmak için
Sabırlı olmaktır.
Hür yürekli olmak,
Arş'ın gölgesine talip olmaktır.

Hür Yürekli Gençlerin Öncüleri

Genç,

Yaşı 15-40 arasında olan herkestir.

Hürriyeti tatmış her genç de 'Hür Yürekli Genç'tir.

Ümmetimizin bir numarası Ebu Bekir, bir numara olduğunda otuzunu yeni geçmişti.

İki numara Ömer, iki numara olduğunda yirmi yedi yaşında idi.

Üç numara ise otuz dört yaşını geçmemişti.

Dört numarası bu ümmetin on yaşına basmamıştı.

Talha on dört yaşında prangalarını kırıp cennet müjdesi aldı.

Zübeyr bin Avvam on altı yaşında koştu cennet yollarında.

Sa'd bin EbiVakkas ise on yedi yaşında iken kırdı esaret zincirlerini.

Said bin Zeyd, on beşini geçmemişti.

Ebu Ubeyde yirmi yedisinde idi.

Abdurrahman bin Avf ise otuzunu doldurmadan yüreğini imanla doldurdu.

Allah onlardan razı olsun.

Genç yaşta Resûlullah sallallahu aleyhi ve sellemle yol arkadaşı oldular. Onların omuzlarında din yüceldi. Dedelerinin geleneklerini, çevrenin cahiliye baskısını ezip geçtiler.

Onlar gençlerin öncüleridir.

Hürriyeti bütün derinliği ile tadan onlardır. Allah'a kullukta lezzet buldular. Şehvetlerine esareti aştılar. Gayret ettiler, kazandılar. Aşılamaz zannedilenleri aştılar, geçilemez diye bilinen sulardan geçip gittiler. İslam'a gençlerin dini dedirttiler adeta.

Bugün, bütün hür yürekli gençlerin önünde onlar vardır.

Onlar gibi olmak ya da onların koştuğunun peşinde koşmaktır gençlik. Dava onların davasıdır. Örnek onlardır. Umut onlar gibi olmaktadır.

Ve Sen, Ey Hür Yürekli Genç!

Gözünü çelen o renkli boyalarla bezenmiş ortamdan sıyrılabilsen de, bir an düşünebilsen; sen kimsin, nereden nereye gidersin? Ne kadarsın ve ne kadar olmalıydın? Bin bir renk boyanın karşısında kendi rengini soldurmasaydın ne güzel görünecektin? Ne güzel yaratıldın bir bilebilsen!

Melekler senin peşindedir; seni kollarlar yaratıldıklarından beri...

Göklerin ve yerlerin en mükerremi sensin, insansın.

Senin için kuruldu cennetler, her şey sana hazırlandı. Coşturuldu ırmakları, büyütüldü ağaçları... Uçsuz bucaksız diyarlar kuruldu sana orada.

Hurileri ile ırmakları ile ebediyeti ile sana açılmış bekler cennetler... Dostların, bekleyenlerin, seni bağrına basacak Peygamberin!

Sekiz kapısından davet aldığın güne yürümelisin. Sayılı günleri aşıp günü tükenmeyen diyar olan cennetlere koşmalısın. Yorulmadan, usanmadan adım atmalısın. Önüne bakman yakışmaz sana; ileri, en ileri bak! Cennetler gözünde tütmeden kırpma kirpiklerini sakın!

Sen, genç adam; büyük ümmetimin büyük umudu! Oyuncaklarla geçirecek dakikan mı var? Bütünü oyun ve eğlence olan dünyanın sana düşürülmüş payında ne kadar ciddiyet olacak ki, sen ona emel bağlayasın? Hiçlere takılıp kalman büyüklüğünü eritir. Ömerlerin, Alilerin izinden koşmana bak. Ermeden elin semaya, görmeden gözün sütten ırmakları, kana kana doymadan o ırmaklardan sakın uyuma, uyuklama... Sabret bütün zevklere, keyifler içinde neşe saçtığını zannedenlerin görüntüsüne sabret. Mü'minlerin de tebessüm edeceği gün gelecektir. Mü'minler de sevinecekler. Hem de ne sevinç olacak o; ardından hüzün gelmeyecek bir daha. Güzellikler içinde en güzele bakarken düşün kendini. Cenneti unutturacak o güzelliği gördüğün zamana dal, dal o kesin güne ve git oralara. Oturma, yılma, boş kalma. Bunu sana vaat edeni düşün; kim sana davetiyesini gönderdi, O'nu bildin mi?

İşi bitenlerden olmayasın asla. Hele hele işin vaktinden az olmasın hiçbir zaman.

Sen, yüklüsün, büyüksün. Ümmetinin bugünü ve yarını sensin. O nedenle de sen ne o bildiğin sensin ne de sıradan bir sensin. Sen küfrün üzerine on yedi yaşında yürüyen birisin. Sen, meleklerin yoldaşı, Kur'an'ın yürüyen hâlisin. Uykun dinlenme olur ama gaflet olmaz. Yemen içmen gıda olur ama keyif olmaz. Gezmen ibret olur ama eğlenme olmaz. Sen, hiçbir zaman ve hiçbir yerde 'boş' kalamazsın. Boş kalmak ve boşlukta olmak hakkın hiç olmayacaktır. Umutsun, emelsin, gayesin sen. Asırların sabrısın, Peygamber aleyhisselamın vaadisin, yarının çınarı olan fidansın. Kimler beklemiyor ki seni; ailen, ümmetin, insanlar ve melekler... Bekleyenlere dönüp baksana; yaşlı gözleri ile senin kanatlanıp gelişini bekleyen nesillere bak. Tarihte sana ayrılan sayfaya bak. Senden söz edilince titreyen dudakların sahibini gördün mü, sen konuşulduğunda yaşaran gözleri görmedin mi?

Seni yaratanın sana ayırdığı role bak. Kim bilir senin adına ne planlar yapıldı, ne hesaplar dizildi... Kim bilir, göklerin derinliklerindeki hangi boşluğu sen dolduracaksın... Aş git diploma barikatlarını! Takılma sıradanlaşmış aşklara, yalan sevdalara... Yorulma çalışmaktan, bıkma tekrardan... İşi dert etme; işsiz değilsin ki sen. Senin işinin benzeri kimde var başka? Çocuklaşma düşünürken, sana biçilen büyük rolleri küçültme... Büyü, imanın kadar büyü. Yüksel rakiplerin olan melekler kadar. Takılsın peşine melekler ve insanlar... Sıyrıl bu kemden kederden de açıl engin denizlere...

Buluş öncekilerle, küçük yaşta büyüyenlerle, boylarından ulu iş becerip iz bırakarak gidenlerle... Otur oradaki koltuğuna; bir yanında Hasanlar, Hüseyinler olsun. Diğer yanında da Enesler, Üsameler. Önünde de insanlığın peşine takıldığı liderin olsun...

Ve yürü, fetihlere doğru. Fetih bekleyen Kudüslere, uzaya ve dünyaya açıl.

Yürüyüşün iz bıraksın. O izden gidenler seni yâd etsin.

O derinlerdeki köklerin göklere doğru uzanan dalı olan genç!

Sen; kendini, nefsini, seni tanımazsan kim bilir seni, kim hesap eder? Nedir beklediğin ve beklettiğin bunca zamandır? Açıl artık sahilinde depreştiğin

HÜR GENÇ

Allah'ın Şeriat'ından başka bütün sistemlerden uzaktır.

Kibirden arınmıştır.

Haset bilmez.

Anne babaya asilik bilmez.

Cinsel sapıklıklardan korumuştur kendini.

okyanusların derinliklerine. Açıl ve sıyrıl bu kumluk sahillerden. Dalgalansın sular ardından. Dalgalansın ki ey genç, sana denizlerin dibindeki balıklar bile dua etsin.

Duamız sensin, umudumuz sensin. Sakın küçülme, bizi umudumuzda boğma!

Hürriyet İçin Büyük Olmaya Niyet Etmek Gerekiyor

İnsan olarak iş kapasitemiz bellidir. Dünyevi veya uhrevi hangi işi yapıyorsak, onu sınırlı bir güç taşıyan bedenlerimizle yapmaktayız. Kaldırabileceğimiz yük bellidir. Sesimizi yükseltebileceğimiz frekans bellidir. Elimizin, ayağımızın uzanacağı mesafe, gözümüzün görebileceği, kulağımızın duyabileceği ölçü sınırlıdır.

İbadet ederken de sınırlı bir gücü ibadete ayırabiliriz. Nihayetinde bir gün içerisinde kaç rekât namaz kılabiliriz, kaç oruç tutabiliriz? Kaç sayfa Kur'an'la aralıksız buluşabiliriz?..

Allah için verirken de sınırlıyı veririz. Elimizde ne varsa onu vermeye hazır olsak bile vereceğimiz şey sınırlıdır. Çünkü dünyadaki varlık da sınırlıdır. En değerliyi versek, o da canımızdır. Bir can bu, verdik; şehadete erdik... Verilecek şey bitmiş olur. İnsanız, sınırlar içinde varız.

Hâl böyle iken, Allah'tan sınırsız nimet istiyoruz. Ebedî cennetine, o cennette ebediyet kadar güzellik katan cemaline talibiz. Sınırlılarla sınırsızı istemektir bu. Aklın ölçülerine bakılsa, böyle bir istek makul görülmez. Küçüğün büyüğe, azın çoğa, sınırlının sınırsıza talip olması makul değildir. Ama biz, makul olmasa da muhakkak olan bir isteğin peşindeyiz. Allah'tan cennetini ve cemalini istiyoruz. Az yaparak çoğa, bir zaman yaparak ebedîliğe aday olmak istiyoruz. Bu makul olmasa bile muhakkaktır. Çünkü ebedîliği lütfedecek olan Allah Teâlâ'nın ölçüsü kulaç, gram, küp değildir. Allah Teâlâ, kullarının işlerine bakarak hükmetmiyor. İşlerine bakarak hükmetse idi, kim ebedî bir cennete muadil amel yapabilirdi ki? Sevgili Peygamberi bile buna muktedir olamazdı. Allah, işe göre değil, niyete göre muamele yapıyor.

HÜR GENÇ

Mü'mindir.

Allah'a imanı onu ayakta tutar.

İmanı ile gurur duyar.

İmanını hayatı bilir.

Kimliği imanında gizlidir.

'Ben mü'minlerdenim.' derken, 'Bunun için varım ben.' demek ister.

Mü'min bir insan, en fazla ömrü kadar iman üzere yaşar. O süre kadar namaz kılar, zekât verir. Neticede işlerinin karşılığı olarak cennete girecek olsa, bu girmesi, yaşadığı elli-yetmiş yıl kadar bir süre olması gerekir. Cennet ise asla elli veya yetmiş yıl değildir. Zira cennete girenin, bitirdiği işine değil, kafasındaki niyetine bakılır. Bir mü'min, ebediyete kadar hayat hakkına sahip olsa, ebediyeti imanla doldurmaya hazır olduğu için o büyük rahmetle lütuf görür. Kâfir için de böyledir. O da ebediyete kadar yaşayacak olsa, o ebediyeti inat ve isyanla doldurmaya hazır bir kafa yapısı taşıdığı için ebediyen cehennemlik olarak cezalandırılır. Yoksa onun isyanı da elli-yetmiş yıldır. İşte bunun için insanı büyüten de küçülten de amaçlarıdır. Bu sebeple niyet her şeyin aslıdır.

Dünyadaki görüntümüzü de ahiretteki akıbetimizi de samimi niyetlerimiz belirleyecektir. Büyük olmayı, en ulviye yükselmeyi amaç edinmekle yürüyüp gitmeyi amaç edinmek kesinlikle aynı değildir. Mü'min, büyük işlerin adamı olduğu için büyük düşünen, büyüğe niyetlenen olmalıdır. İsterken de büyüktür, yaparken de. Başarırken büyük olmayabilir. Zira becerimizin kaynağı olan bedenlerimiz, sınırlı imkânların ortasındadır. O sınırlarla sınırlandırılmamış olan varlığımız; kalbimizdir, beynimizdir. Büyük düşünmek, büyüğü amaç edinmek, muhteşem niyetler sahibi olabilmek, sınırsızlığa açılabildiğimiz tek kapımızdır.

Firdevslik işler yapmakta zorlanabiliriz ama Firdevs'i isteyen niyetlerimizi arz edebiliriz.

Büyük olmaya niyet etmek, işte ve akıbette büyük olmaktan önceliklidir. Niyet etmeden, rüyaları ve hayalleri onunla süslemeden büyük olunmaz. Hayalleri, duaları, gözleri büyüklükle süsledikten sonra ise büyük bir akıbetle sonlanmak mümkündür. Gereken de budur.

Allah için olduktan sonra küçük denebilecek bir işimiz yoktur artık. Büyüklüğü ilke edinmek, küçük işlere bile büyüklük kazandıracaktır. Yeter ki büyük olma niyeti tepeden tırnağa bizi kuşatmış olsun.

Sadece bir örnek olarak 'okuma' işini alabiliriz. Mesela 'Siret-i Nebi' okumayı alalım. Siret-i Nebi'yi tarih okumak, bilgi sahibi olmak, başkalarına öğretmek amacıyla okumakla şu okuma arasında büyüklük/küçüklük farkının en açık örnekleri vardır.

Büyük olmaya niyet edenin Siret-i Nebi okuması, şu amaçları taşıması hâlinde başka bir okumaya dönüşür:

Örnek alacağı Peygamber'ini tanıma, onu daha iyi tanıyıp sevgisini derinleştirme, mucizelerini öğrenip imanını artırma, onun sabrını öğrenerek kendisine sabır dersi çıkarma, ibadetini ve ahlakını öğrenerek kendine rehber edinme, aile yapısını ölçü edinme... Bunların sadece biri bile Siret-i Nebi öğrenmeyi ibadete dönüştürecek niyetlerdir.

Hayatımızın tümü Allah içindir. Yemeyi içmeyi, yürümeyi, uyumayı bile büyütebilir, büyümemize sebep yapabiliriz. Yeter ki yürüyüp gitmek seviyesinden büyük olma seviyesine yükselmiş olalım.

Büyük bir gaye için yaratılmış insanlar olarak küçük amaçlarla yaşayamayız. Büyümeye niyet etmeye mecburuz.

Uzağa Gerek Yok

Gidişatımızı test etmemiz için asırlar öncesine gidip örnekler üzerinden yol almamıza gerek yoktur. Nûh aleyhisselamın gemisine, İbrahim aleyhisselamın mancınığına, Musa aleyhisselamın Tur'una bakmaya gerek yoktur. Yusuf aleyhisselamın kuyusuna da dalmamız zorunlu değildir. Allah Teâlâ bunlar ve benzerlerini kitabında önümüze koymuştu zaten. Onları okuyup öğrendikten sonra, bizden beklenenin ne olduğunu anlamış olmalıydık.

Özünde sabır ve sebat bulunan pek çok başarılı kulluk örneğinin bize sunulması ve bizden onların muadillerinin beklenmesi, anlamamız gereken şeylerdi. Ne var ki kulun kendisinden önceki uzak örnekleri öğrenmesi, takdir edip hayranlık göstermesi sonuç getirmiyor.

Allah'ın selamı hepsinin üzerine olsun; asırlar boyu sabreden Nûh, sabrı taş çatlatan Eyyüb, sabır abidesi Musa, babasıyla ve kavmiyle mücadele eden İbrahim ve diğerleri çok iyi öğrenilmiş olsalar bile bizim için bizden beklenen sonucun teminatı değildirler. Onların kıldığı namaz, tuttuğu oruç bizim hanemize yazılmadığı gibi onların icra ettiği genel kulluk da bizim artımız veya eksimiz olmuyor. Onlar örnek olmasına örnektirler, mükemmel örnektirler ama bizim hesabımız, bizim üzerimizden yapılacaktır. Biz de muhasebemizi kendi sürecimiz üzerinden yapmaya mecburuz.

Dün çocuktuk, gençtik, olgunduk. Bugün de şu yaşta veya bu konumdayız. Mevcut durumumuz ne olursa olsun, asla itiraz edilemeyecek bir hakikatin ortasında bulunuyoruz. O hakikat de şudur: Bugün bulunduğumuz durum, öncesi olan bir durumdur. Bugünümüz, dünümüzün üzerine kuruludur. Yarınla alakalı bir değerlendirmenin sıhhatli olması, bugünün düne göre muhasebesine bağlı olacaktır. Hangi yaş ve hangi konumda olursak olalım, her mü'min insan için yegâne tespit budur. Dünü muhasebe etmeden yarını planlamak, yarın üzerinden hayaller inşa etmek makul değildir.

HÜR GENÇ

Allah'a tevekkülü tamdır. Ateşin ortasında da kalsa, denizin dibinde karanlıklarda kalsa, tufanların ortasında da tek başına olsa yine o: 'Rabbim bana yeter.' der.

Çocukluğumuz, gençliğimiz ve bizim kendimize dair kararları müstakil olarak verebildiğimiz yaşlılık günlerimiz üzerinden yapacağımız muhasebenin sonuçları, ağır ve üzücü olsa da yarınki kesin gerçeğin kendisinden başka bir şey değildir. Uzaklarda aradığımız şey dünümüzde ve bizdedir. Muhasebe edecek birine de muhtaç olmadan, kendi hesabımızı kendimiz görebiliriz. Bulunduğumuz nokta ile bulunmamız gereken gerçek noktayı kıyas edebiliriz.

Ömrümüzün bir önceki yılı, bir önceki ayı, bir önceki günü hatta bir önceki dakikası üzerinden, yarınımız ve sonramız belli olabilir. Boş verme hakkımız olmayacağına göre yapmamız gereken, muhasebe öncelikli ve zorunlu bir görev olarak durmaktadır önümüzde.

İbadet dosyamızı, yapılması gerekenlerle yapılabilenler açısından açabiliriz.

Rabbimizin üzerimizdeki nimetlerini ele alabiliriz: Gençlik nimeti düşünülmelidir; nerede ve nasıl tüketildi? İlim fırsatları, ebeveyn nimeti, mal nimeti düşünülmelidir. Evlenip iffeti muhafaza etme nimeti, nasıl kullanıldı diye gün gün ele alınabilir. Cami yakınında bulunup da namaza iştirak etmeyen için beklenen muhasebe, iffetini bir kale gibi koruyabileceği nikâh nimeti ile taltif edilme imkânı varken onu değerlendiremeyen için de olmalıdır.

Mü'min kardeşlik nimetini de unutmamalıyız.

Sıhhatimiz, güvenlik içinde sürdürdüğümüz hayatımız, unutulmaması gerekenlerdendir.

Biz kendi başımıza bir dünyayız. Rabbimizin bütün nimetlerini barındırıyoruz. En başta iman nimeti olmak üzere, üzerimizde onca nimetler ve fırsatlar izlenebilirken dışımızda bir dünya aramamız doğru olmaz. Muhasebe ve ibret için yetecek kadar başlık bizde mevcuttur. Uzaklara gitmeye gerek yoktur. Belki de kendimizden uzak yaptığımız her tahlil, etkisi bizde olmayan sonuçları gösterecektir.

Gençliğimiz, sıhhatimiz, önümüze konan fırsatlar, evimiz, eşimiz ve mü'min kimliğimizle attığımız her adım bizim için muhasebe konusudur. Biz de o konu ile iç içeyiz onca zamandır.

Dün, Bugün ve Yarın

Zaman bizim için işlemektedir. Zamanı yaratan için zaman işlemiyor. Dün, bugün ve yarın bizim kavramlarımızdır. Bizi ve kullandığımız zamanı yaratan Rabbimiz ise ezelî ve ebedî olandır. O'nun için geçmiş ve gelecek olmadığı gibi, geçmiştekiler ve gelecektiler de yoktur. Bize göre baş ve son neresi ise O'nun o iki nokta arasındaki hükümleri, tecelli eden kaderi bir lahza kadardır. Dostu İbrahim aleyhisselamın ateşe atılma sahnesi, bizim için filan tarihteki bir olaydı. Nûh aleyhisselamın gemisinin su üzerinde yüzdüğü aylar, bizim kullandığımız takvimlere göre şu kadar ay bu kadar gündür. Musa aleyhisselam için denizin kara olduğu o muhteşem gün ve yer, bizim için milattır veya ölçüdür. Allah Teâlâ ise bütün zamanları ve bütün mahlûkatını bir tek noktada ve bir tek lahzada görüp kollamaktadır. Olmasını murat ettiği işler için de geçerlidir bu, o işlerle ilgisi olanlar için de.

Bugün yaşayan mü'min nesil olarak, önceki nesillerin başta peygamberler olmak üzere hayatlarından bize intikal eden bilgileri, o dönemin insanına ait hatıralarmış gibi ele almamız yanlıştır. O dönemlerin insanlarına ait olsa da, kitabımız Kur'an, onların hayatlarına ait imtihanları bir ders

HÜR GENÇ

Mü'minler onun dostudur.

Mü'min olmayanlarla yürek bağı yoktur. Yüreğini esaretten kurtarırken aynı zamanda Allah'tan yana olmayan herkes ve her şeyden de kurtarmıştır kendini.

Kâfirlere yardım etmez, onlardan yardım beklentisi içinde olmaz, onlara benzemez, benzeyenleri beğenmez, onları övmez.

Mü'minlerle yardımlaşır, dertlerini derdi bilir, sırf iman kardeşliğinden ötürü bütün mü'minleri kardeşi bilir. Onlara dua eder, dualarını bekler.

mantığı ile önümüze koymaktadır. Kimsenin adının Nûh veya İbrahim olması gerekmiyor. Herkesin, Nûh veya İbrahim mantıklı olması gerekiyor. Bu anlayışı idrak edebilenler, yaşadığımız dünyada altından çıkılamaz zannedilen pek çok sorunun, sıkıntının Allah'ın rızasını kazanmaya yönelik bir nimet olduğunu da anlayacaklardır.

Şu anda bir tür ateşe atılmak isteyenler ya da atılmış bulunanlar, Kur'an'a müracaat edip önümüze konmuş bulunan ateşe atılmış İbrahim'i ve İbrahim'e o kaderi yazan Allah'ın kaderinin nasıl tecelli ettiğini görmelidirler.

Servetini koyabileceği yer bulmakta zorlanan mü'minler, Kur'an'a müracaat edip Karun'u ve Karun ile alakalı kaderini işleten Allah'ın hükmünü izlemelidirler.

Katlanılamayacağını vehmettiği hastalıklar, ıstıraplar içinde olanlar, yine Allah'ın hidayet kaynağı olarak elimize koyduğu Kur'an'a yönelip Eyyüb aleyhisselam üzerinden sabrın muhtevasını ve akıbetini incelemelidirler. Sonra da, dün adı Eyyüb olan bir kulunu o sıkıntılarla imtihan eden ve ona kazandığı imtihanının neticesi olarak 'güzel bir kul' olma ödülü veren Allah'ın neyi murat ettiğini düşünmelidirler.

İş sahipleri, işçiler, işsizler, babalar, anneler, bütün mü'minler olarak, bizden öncekileri imtihan eden Rabbimizin imtihanını, imtihanın içindeki kulları üzerinde izleyebiliriz. Ne insan olarak onlardan farklıyız ne de iman esaslarımız onlardan farklıdır. Aynı cennet için aynı Allah'ın kulları olmaya çalışıyoruz. Onlarla aramızdaki tek fark zamandır. O zaman da bizim için işliyor, onu yaratan için işlemiyor. Biz, bizim için işleyen zamanı gerekçe görerek, zamanı yaratan Rabbimizin üzerimizde görmek istediği imtihanları kendi istek ve keyfimize göre şekillendiremeyiz. Şekillendirdiğimizi zannetsek de sadece kendimizi oyalarız.

Bizim için koca dünya, koca kâinat ama Allah için 'ol' demesiyle oluvermiş bir mahlûk.

Bizim için şu yıldan bu yıla geçmiş bir zaman ama Allah için hesapta olmayan bir kavram...

Bizim için sadece biz ve bizim eksenimizdekiler ama Allah için kullarından bir kul, mahlûkatından biri sadece.

İnsan, başkası üzerindeki her şeyi inceleyip kendi üzerindekini göremediği gibi, kaderini, yarınını, nerede ve nasıl bulunduğunu da göremiyor, göremez de. İnsan, görme kabiliyetini abartmamalıdır. Allah'ın gördüğünü gören, O'nun gösterdiğine bakabilen çok şey görür, tek gerçeği görür. Kendi gözüne itimat eden ise çok şeyin gözüne battığını anlayacak ve dikenler arasında kıvranacaktır. Kitabımız Kur'an, önümüzü açmaktadır. Bütün zamanların ve mekânların derinlikleri ondadır.

Dertleri aşmak isteyen, zaman ve mekân ötesinde olmanın rahatlığına ermek isteyen Kur'an'a dönmelidir. Orada ateşe atılan İbrahim'i, sıkıntılarla boğuşan Eyyüb'u, çocuk hasreti ile inleyen Zekeriyya'yı bulmalıdır. Onları önümüze koyan Allah için zaman değişmiyor, kulluk kimliğimiz değişmiyor, nihaî hedef olan cennet ve onu hak etme çabası da değişmiyor.

Hürriyet Arayışına Uyku ile Başlayabiliriz

İnsana, Kur'an'a, davaya adanacak nesiller yetiştirmeye uykudan başlayabiliriz. Uykudan başlamalıyız da. Uyanık kalacak adamlar için, uyumayan ve uyutmayan mücahitler için uykudan başlayabiliriz. Gündüzü at sırtında gecesi seccadede tipler için önce uyku diyebiliriz. Okuyabilen, okuduğunu anlayabilen, anladığı ile amel edebilenler için de önce uykudan başlanmalı. Baktığını görebilen, gördüğünden hikmetler süzebilen basiret sahipleri için uyku şart.

Uyuyamayan, uyanık kalamaz. Gecesine hâkim olmayanın da gündüze hükmü geçmez.

Adam olmak için, adam yetiştirmek için ilk baraj uykudur. Uyku barajından geçenler gündüzü uyanık geçirebilirler.

Önce uyku ile başlamalıyız. Adamlık işine, adam etme işine. Dava adamını uykusundan tanımak mümkündür.

Kur'an, uyku barajını geçenlerin omuzlarında yükseldi. Allah Teâlâ, onları gece uykusu ile sınadı.

Müzzemmil suresi, dava adamlarının ilk sınavını nasıl verdiklerini gösteriyor.

HÜR GENÇ

Dua ile silahlanmıştır. Duasız kalmayı yalnızlık bilir.

Rabbinin kapısını bütün kapılardan daha yakın bilir kendine.

Duasını namazlardan sonra, toplu törenlerin ardından yapılan bir iş olarak görmez; dua vakitleri vardır, duaya umudu vardır. Dua ettikçe açılır, dua ettikçe hürriyetin tadını alır.

Bütün yorgunluklarına, zifiri karanlığına rağmen geceye hükmedebilenler, uykularına sahip olabilenler...

Gecenin yarısında kalkmak gerektiğinde kalkabilenler...

Gecenin yarısından biraz aşsa da kalkmaya muktedir olanlar...

Biraz fazla, biraz az ama gecenin karanlığında, gündüzün ezen yorgunluğunda eriyip gitmeyenler...

Yorganına sarılıp kaybolmayanlar...

Onlar gece testini geçtikleri belli olunca Kur'an'ın ve Kur'an davasının adamı oldukları anlaşılmış oldu. Onlara Allah Teâlâ: 'Okuyun şimdi okuyabildiğiniz kadar, Kur'an'dan!' dedi. 'Namaz kılın, zekât verin, Allah'a borç vermek türünden büyük işler yapın! Sizin yaptıklarınız Allah için yapılmış işlerdir, onları bulacaksınız!' dedi.

Onlar da düştüler yollara; Bedir, Uhud yoluna düştüler. Allah'a borç vermek türünden işlere muvaffak kılındılar.

Dün böyle idi. Bugün de böyle olacaktır.

Kur'an davasına adam yetiştirecekler alfabeden önce yatmayı kalkmayı öğretmelidirler. Adam olacak çocuk uykusundan belli olmalıdır.

Dünyanın düzeni gece-gündüz dengesi üzerine kuruludur. Dengeli bir sistemde dengesizlikle ne başarılabilir? Geceyi gündüzleştirmek, gündüzü geceleştirmek, gidişi geliş gelişi gidiş olarak kullanmaktır. Güneşin ışığıyla aydınlattığı dünyada, namazımız bile güneşe göre iken, güneşe rağmen uyuyakalanlar yeryüzü aydınlığında bir işe muvaffak olabilirler mi?

İşe uykudan başlayalım:

Allah Teâlâ bedenlerimizi de korumamızı, haklarına sahip olmamızı emretmiştir. Bedenin haklarından biri de uykusudur. Onu kısamayız. Kısarsak akıl melekemiz başta olmak üzere, bedenimizin hiçbir bölümünü verimli kullanamayız. Ne az ne çok uyumaya mecburuz. Uyku bedenin hakkıdır; hakkından önce gıdası gibidir. Midemiz aç kalsa bir iki gün olur da uykusuz bedenin ayakta kalması zordur. Aç kaldığı için kaza yapan sürücü yok ama uykusuz sürücüler kazalarda kurban gittiler.

Uyku ihtiyaçtır ama fazlası israftır; her israf gibi tüketir. İstikrarlı bir uyku şarttır; bedenin ihtiyacına, günlük yıpranmasına ve sıhhat durumuna göre beş buçuk, altı buçuk ve yedi saat arasında bir tercih yapılabilir.

Aynı saatte yatmak ve aynı saatte kalkmak, uykuya hâkim olmak için şarttır. Başı yastığa koymakla yastığı başa geçirmenin en bariz farklarından biridir bu.

Uyku yemeği, yemek de uykuyu davet eder. Uyku saati ile yemek arasında en az üç saat mesafe konmalıdır ki uyku, uyku işini görüp dinlendirsin. Akşam yemeği asla ağır olmamalıdır.

Toplantılar, ziyafetler, misafirlikler, geziler uykuya göre olmalıdır. Yarın bize lazımsa bugün uykuya dikkat edeceğiz.

Uyku israfını, su ve ekmek israfından basit gördükçe çok yoruluruz.

Gündüzler, gecelerine hükmedebilenlerin olacaktır.

İbadet şuuru kazanmaya, ailede istikrarı yerleştirmeye, geceleri ve gündüzleri ihya etmeye, çocuk yetiştirmeye, hafızlığa, muhaddisliğe, fakihlik sürecine, dava adamlığına, dirayet sınavına uykudan başlayabiliriz. Uyumayarak değil; o olur bir şey değildir. Peygamber bile olsa insan, gözleri kapanıverir uykusu gelince. Uyumama iddiası ile hiçbir iş yapılamaz. O iddia bile uyutur insanı.

Uyumama ile değil uykuyu disiplin altına alarak işe başlayabiliriz.

Peygamber aleyhisselam öyle başladı. Kur'an'ın ilk nesli öyle başladı.

Onlar öyle başardılar.

Keşke biz de mükemmel yatak odaları yerine tatlı uykuları olan bir nesil olabilseydik. Misafirler, TV, internet, komşuluk, uykumuzu bölmeseydi!

Hür Genç
İz Sür, İz Bırak

İz üzerinde ol. Sen de iz bırak.

Ebu Bekirlerin izinden ayrılma. Zamanının izi sürülenlerinden ol.

Arş'a kadar yürüyebilmek için bu şarttır. Yüreğinde esaret zincirleri bulunmayan genç olmak budur.

İzini sürdüklerin muhakkak derin iz sahipleri olsun. Ebu Bekirler, Ömerler, Osmanlar ve Aliler olsun. Enesler olsun, Halidler olsun.

Namaz için kıbleye yöneldiğinde kıldığın namaz, izini sürdüklerini göstermiş olsun. Namazlarını 'son namaz' gibi kılabilenlere benze. Sen öyle kıl, seni izleyenler de o namazı kılsınlar.

Orucun, onların orucu olsun. Beğendiklerinle aynı orucu tutmuş ol, aynı ecri kazanırsın. Orucunu oruçlarına benzettiklerinle Reyyan kapısını paylaşırsın.

Sözünün eri olarak yaşayanların izini sür ve sözünün eri olarak yaşa. Adın gibi, sözüne sadakatin de seni göstermiş olsun. Adın anıldığında baktığın gibi, sözünde samimiyet ve

HÜR GENÇ

Hürriyetin tadını namazda çıkarır; her namaz vakti onun için bir kere daha hürriyetini ilan etmek gibi olur. Namazda kanatlanır Arş'a doğru. Her namazda bir bağı daha çözülür onun. Namazı miracı görür. Sıyrılır dünyanın dertlerinden de yükselir göklere doğru her namazda. Namazla açılır içi. Namazda dolar yüreği. Her namazı 'son namazı' gibi kılar.

vefa anıldığında da sen akla gel. Böylece, Sıddıkların izini sürdüğün gibi senin de izin sürülsün. Aradan asırlar geçsin ama izin kaybolmasın. Fırtınalar kumları savursun ama senin ayak izlerin, sarsılmaz şahsiyetin kaybolmasın. 'Bir varmış bir yokmuş' değil, 'vardı ve var!' olarak bilin.

Sabrın da izini sürdüklerinin sabrı olsun. On dakika bekler gibi on yıl bekle. Seni yaratan için sabretmeyi becer. Sabrı ile zirveleri zorlayanlar gibi sen de sabrınla zamanının zirvesini zorlarsın. Sevilirsin; insanlar ve melekler seni severler. Şehvetine karşı sabrın dillere destan olur. Meleklere konu olursun. Gençliğinde sabrınla büyü. Zamanını sabrınla doldur. Umudunu sabrınla canlı tut. Sofran gıda çeşitleri kadar sabrınla donansın. Nefsine esir olmayışın, hislerinin ve zevklerinin esiri olmayışın, bütün zamanlarda konuşulan ve imrenilen kimliğin gibi olsun.

Annen baban önündeki evlatlığın izini sürdüğün gibilerin evlatlığını yansıtsın. Allah'tan sonraki en büyük hak sahibi olarak bildiği anne babasının önünde mum gibi olabilenlere bak; sen de onlar gibi ol. Bir gün insanlık evlatlığın mükemmel örneklerine dair bir tarih yazacak olsa, ilk yazılan sen olmalısın. Belki, insanlar böyle bir tarih yazmazlar ya da yazamayacaklar ama hiç tereddüdün olmasın ki, melekler o tarihi yazıyorlar. En iyi evladın kimin olacağını ölçecekleri bir kayıt tutuyorlar. Ağzından çıkan her kelime, elinin tuttuğu her nesne senin nasıl bir evlat olduğunu belgeleyen bir şahit olacaktır. Buna göre bir evlat ol. Annen baban olmasa bile, melekler ve gölgesinde gölgelendiğin ağaçlar en azından sana şahit olsun. Farkın bu olsun, bununla iz sür, izin bu kıvamda sürüle gitsin kıyamet vaktine kadar. Neslin sürsün, bereketin çoğalsın, adın yâd edilsin. Bununla iftihar et, bununla dik durduğunu bil.

İbadetin kimliğin olsun. Kimliğin ibadet gibi olsun. Hayatı imanınla donat, imanın hayatını kuşatsın. İmanın ve kimliğin camiye girdiğinde secdenden, kıyamından izlensin. Aynı kimlikle de işinin başında dur. Yolda yürüyüşün, alışverişin, muhabbetin, tepkin ve sevgin sürülebilir izler bıraksın. Bir kere konuş binlerce kere tekrarlansın. Bir kere dinle, en iyi anlayan ol.

Büyük düşün, büyük ol. Büyüklerle ol.

Herkes gibi olma, herkese örnek ol.

Günlükçü olma, günlere adını yazdır.

Büyük olmak için büyük kaynaktan beslenmen gerektiğini bil. Tükenmez kaynaklara yönel. Dilinde ve kalbinde Kur'an bulunsun. Kur'an ile konuş, onunla tefekkür et. Böylece okyanuslardan daha büyük bir kaynağın olur. Kur'an yaşadıkça sen de yaşamış olursun. Günler seni eskitemez. Olaylar seni peşinde sürükleyemez. Karanlıklarda kaybolmazsın. Rengin solmaz, elin ayağın burkulmaz.

Yerde yaşarken göklerde olmaktır bu.

Dünyada iken cennette anılmaktır bu.

Sevdiğinden çok sevilmektir bu.

Vefadır, iyiliktir, güzelliktir, kalıcılıktır, üstünlüktür bu.

İzi sürülebilenlerin izinden iz bırakmak budur. Yaşatmak için yaşamak, sevilmek için sevmek, yücelmek için yerde sürünmek budur.

Ebu Bekirlik budur. Ömerlik budur. Eneslik budur. Nesibelik budur.

Adamlık budur.

Genç Adam! Senin Namazın Başka!

Kemiklerin yeni yeni oluşurken senin kıbleye yönelmen, 'Allahuekber' ile el kaldırman başkadır. Herkesinki namaz olmasına namazdır ama seninki daha gençtir. Senin tekbirin heyecanlıdır. Senin tesbihin daha samimidir.

Sen kıyam ettiğinde gölgen de ayaktadır. Senin kıyamın dirilişi simgeler. Kıraatin, zikrin dilinle kalbinin birleşmiş hâlidir. Henüz dünya meşgalesi seni istila etmediği için sen Fatiha'yı okurken, geleceğinde 'yalnız Allah'a kul olma' vaadin inandırıcıdır. Sen, 'yalnız Sen'den yardım isteriz' dersen, bir daha kimseye kul olmazsın, kimsenin kapısında eğilmezsin. Senin Fatiha okuman, melekleşmeye daha yakındır.

Senin namazın başkadır; sen eğilip kalkmak için kılmazsın namazı, gösteriş, kör taklit senden uzaktır. Senin Rabbine koşmandaki heyecanın umuttur seni doğuranlar için, seni yetiştirenler ve senden beklentisi olanlar için...

Herkes sabah namazına kalkar ama sen bir başkasındır uykunu bölüp yataktan dirilirken. Sen o zaman, denizi yol yapıp üzerinde yürüyenler gibi izlenmektesin. Nefis sahilinden

HÜR GENÇ

Oruç temizler onu paslardan. Midesini, ağzını, gözünü ve kulağını oruca teslim eder.

Orucu ile temizler bedenini, terbiye eder kimliğini.

Her oruç ayı onun için bir eğitim sezonu gibi olur adeta.

Farzı ile nafilesi ile bütün oruçlar onu tutar; cehennem ateşine tutmaktan kurtarır.

cennet sahillerine geçerken o sabah vaktinde seni izleyen meleklerin kalbi olsaydı belki de dururdu heyecandan. O karanlıkları yaran nurlu yüzün secdeye erdiğinde sen, toprağın karanlıklarını da ta yerkürenin çekirdeğine kadar delen bir şua olursun. Seni o hâlinle melekler izler de izler...

Senin namazın da başkadır ihlâsın da. Sen seccadenin başına geçersen bir daha o seccadedeki alnını kimsenin önünde kirletmezsin. Bükmezsin belini bir daha şehvetlerin karşısında, seni sömürmek isteyenlerin önünde. Seni namaz doğrulttuktan sonra eğemez kimse artık. Namaz senin kıvamın, ahengin, enerjin olur. O tekbir haykıran dilin boş konuşmaz, kazançsız işe girişmez.

Kalbini mescitler kilitler de onu başka bir mekân açamaz bir daha. Kuş olursun camilerden camilere uçan!

Sen abdest için musluğu açtığında, sana gelen suyun kaynağı cennetlerdedir. Yüzünü yıkarken o su, kollarından damlarken, ayaklarını ıslatırken seni yıkayıp pak eder. Yıkanır da çıkarsın kirlerden... Havlun senin kollarını kurutmadan, yüzündeki rutubeti almadan önce melekler seni kapışır. Yıkanmış, arınmış bir genç olarak ellerinde kalırsın. Seni kanatları ile alıp götürürler diyarlarına doğru.

Sen, o Arş'ın gölgesine yönelmiş hâlinle, emsallerinin hayal bile edemediklerini nefsine eze eze yaptırırken, sen o Arş'ın gölgesindeki genç, mini kalbin mescitlere kilitlenmişken, emsallerin daldan dala konan kelebeklerken sen

Firdevs'ten Adn'e, ilk giriş kapısından Rıdvan'a doğru meleklerin istikbali ile uçarken bir başkasın! Senin namazın başka bir namazdır. Senin secden çok geniş bir alandadır. Senin tesbihini gökler dinler, kıraatini ağaçlar bile duyar. Sen başkasın, senin namazın başkadır. Sen ibadetin anlamısın. Sen umudun ta kendisisin.

O kalkan elin, o şakıyan dilin, o huşu içinde yüzen gözlerin namazın adam ettiği mü'min insanı gösterir. Sen umutsun, namazlı mü'min neslin umudusun. Sen hangi çağda yaşıyorsan o çağdaki Üsamelerin, Eneslerin, Talhaların örneğisin.

Sana melekler hayrandır. Adımlarını sevap olarak yazmak için ellerinde kalem, seni beklerler. Sen adım adım izlenirsin. Bastığın topraklar, alnını koyduğun yer korunur durur. Sana toprak şahittir. Senin ardından secde ettiğin topraklar da ağlar, seni izleyen mü'minler de... Sen ki, namazla dirildin, sen ki toprağı secdenle karışladın; senin istikbalin cennettir.

Senin namazın başkadır. Sen namazınla geliştin; belini namaz büktü, alnını namaz parlattı, dilini namaz düzeltti.

Seni karanlık geceler, yeni yeni aydınlanmaya başlayan sabahlar, batmakta olan güneşler tanır. Senin şahitlerin onlardır.

Sen de oynadın oynamasına ama vakti gelince namazın, bıraktın oyununu da dikildin Rabbinin huzuruna. Sen de okul gördün, caddelerde yürüdün, çırak oldun, talebe oldun ama hep namazlı kaldın. Ne oyunun ne de çıraklığın namazınla bağını koparamadı. Şeytan sana yeni yeni oyunlar fısıldarken, bir ezan sesi o fısıltıları sildi kulağından. Duymadın ezandan başkasını.

Kulların sunduğu tuzakları ezdin geçtin de Rabbinin vaadine iman ettin.

Sen namazla büyüdün, namazla geliştin, namazla delikanlı oldun. Sen namaz çocuğusun. Seni namaz salladı beşiğinde adeta. Senin adın ne olursa olsun sen namaz çocuğusun artık.

Senin yerin namazın ödülü olan cennettir. Senin dostların namazı ilk kılanlar, Allah'ın salih kullarıdır.

Sen umutsun; kendine, seni doğurup büyüten anne babana, ümmetine ve bütün insanoğluna bir umutsun sen.

Sen yerde değilsin, gökte değilsin sen; Arş'ın gölgesindesin...

Uyuyup Uyanmak Gibi

Etten kemikten oluşan bedenimiz yorulunca takatsiz kalır. Bedenimizi dinlendirmek için uyuruz. Uyku ilaç gibidir; yorgun bedenimize enerji katar. Uykudan kalkarken daha dinç kalkar, yeni bir güne başlarız. Her insan için geçerlidir bu uyku kuralı. Bedeni güçlü olan da uyur, zayıf olan da...

Bedenlerin yorulup uykuya muhtaç olduğu gibi zihinler de yorulur. Aynı çevrede akşamlayıp sabahlamak, bir zaman sonra göz önündekini bile göremez duruma getirebilir. Aynı insanları, aynı binaları, aynı yolları görmek usandırabilir. Bu da etten kemikten oluşan bedenimizin bize getirdiği sonuçlardandır.

Yorulunca uykunun dinlendirdiği gibi, usanınca geçici de olsa çevre değiştirmek gerekebilir. Bunun adı seyahat olur, tatil olur, gezi olur, sılayırahim olur... Bir umre de olabilir bu...

Allah'ın bize yorulan bedenler, usanan zihinler verdiği bir hakikattir. Başka bir hakikat de Rabbimizin bize hayal edemeyeceğimiz kadar büyük ve çok nimetler verdiğidir. Bu

HÜR GENÇ

Bütün dünya onun olsa, o bütününü Allah'a vermekten lezzet duyar. Sadaka gerektiğinde sadaka, zekât gerektiğinde zekât verir. Zekâtı verirken, verir gibi değil de alır gibi verir. Almaktan çok vermekten haz duyar.

nimetleri arasında gezip görebileceğimiz bir dünya; bir yeri dağlarla, diğer yeri ovalarla kaplı bir dünyamız vardır. Şehirlerinde yaşayanın köylere, köylerinde yaşayanların da şehirlerine açılıp dinlenebileceği bir dünyada yaşıyoruz. Gezmek, görmek ve dinlenmek Rabbimizin bize lütfudur.

Mü'min insan, mahpus değildir. Doğduğu yerde yaşayıp ölmek zorunda değildir. Gezmeyi becerebilen gezebilir. İşinin hakkını veren tatil yapabilir. Tatil de haktır, gezmek de. Yorulunca uyumak, uyuyunca da uyanmak ne kadar doğalsa, şu kadar zaman çalışıp şu kadar zaman tatil yapmak da o kadar doğaldır. Dinimiz fıtrat dinidir, doğallığı bize yasaklamamıştır.

Bir de Allah'ın bu zamanda yaşayan kullarına lütfu olan ulaşım imkânları katıldığında, nimetler içinde nimetlerden söz ettiğimizi söyleyebiliriz. Allah hangi nimeti, dünya güzelliğini yarattı ise o nimet herkesten önce mü'min kullarının kullanımına verilmiş demektir. Allah'ın helalleri içinde kalan her nimet, mü'min insana haktır. Mü'min insanın o nimetleri kendisine haram etmesi kabul edilemez.

Uyuyup uyanmak doğallığı içinde, mü'min insan tatil yapmalıdır. Uykuya dalıp namaz kaçırmanın doğuracağı sıkıntı gibi tatile gömülüp harama batmak da sıkıntıdır elbette. Mü'min, mubahları harama dönüştürecek hatalardan kaçınacaktır. Evinde mü'min kimliği ile yaşarken, tatile çıktığında kimlik kartını evde unutur gibi mü'min kimliğini de evinde unutacak durumu olmaz onun. Gittiği yerde, onu gören ve gözeten Rabbinin murakabesini bilerek bulunur. Gidilemez yere zaten gitmez. Koyunların öndekinin peşine takılıp sürüklendiği gibi, herkesin yaptığı tatili yapabilir mi mü'min? Şüphesiz, seçici ve eleyicidir. Gidilebilir yerlere gider. Gidilebilecek zamanı belirler. Tatil de haktır ama sınırsız bir hak değildir. Namaz bile her yerde ve her zaman kılınamazken, mü'min her yere her zaman tatil için gidebilir mi?

O vakur kimliği ile taviz vermez anlayışı ile haramlara karşı Rabbinin cehennemini her zaman gözünün önünde tutan, cennet umudunu hiç yitirmeyen idraki ile gezer mü'min genç. O, Mekke sokaklarında dolaşırken hangi mü'min kimliği ile dolaşıyorsa, tatil için gittiği bir köyde de o kimliği ile dolaşır. Mekke'de bir kimlik, köyde başka bir kimlik onun işi değildir. Zor kıt bilet alıp gidebildiği zamanlardaki imanı, cebi para dolu gittiği zamanına göre farklı olmaz. O, Rabbini her an kendisi ile bilir, o bilgisi de harama helale riayet etmesine sebep olur.

Toplumun içinde toplumdan biri olmak beklenmez mü'minden. Kar yığınlarının altından çıkan bir çiçek gibi tek başına da olsa imanından taviz vermeyeceği yerlerde bulunmak onun ahdidir. Tok kalmak, aç açık kalmak vardır onun ihtimaller listesinde ama imanından kopmak, Şeriat'ının kurallarından taviz vermek yoktur. 'Bir seferliğine' türünden sapık bir mazerete sığınmaz. 'Arkadaş hatırı' da yoktur bu süreçte. O, her zaman ve her yerde mü'min insandır. Arkadaşlarını peşinden çekendir, önderdir.

Nimetler çağında, nimet yoksunu olamaz mü'min genç. Arş'ın gölgesine talip olmak, bir çınarın gölgesinde çay içmeye, dostlarla muhabbete mani değildir. Derelere karşı oturup Allah'ın kudretini seyretmekte ne sakınca olacak? Derelere kapılıp gitmek, o esnada ezanı duymamak, göze haram olan şeyleri seyretmek, sılayırahimi ihmal etmek, anne babayı yok saymak, yenmeyeceği yemek yoktur bizim işimizde.

Helaller dairesinde gezer dururuz da karşımıza haram çıkarsa düşmemek için helali de terk edebiliriz. Kimliğimiz budur. Arş'ın gölgesine talip olmamız bunu gerektirir.

Dünyanın vadilerinde gezmek isteriz. Bunu Allah'ın nimeti olarak biliriz.

Şu veya bu nedenle de gezemezsek, gezeceğimiz yer, suyuna kanacağımız yer bellidir. Oradaki gezi arkadaşlarımız da bellidir. Oradakilere dünyalar feda olsun.

Fitneyi Unutma!

Allah'ın cennetine koşan genç,

Arş'ın gölgesini özleyen delikanlı,

Enes bin Malik'e ordular yöneten taze genç Üsame'ye özenen mü'min delikanlı,

Ömrünün baharını Rabb'ine kulluk lezzeti ile geçirip gönüllerde taht kurmak isteyen, örnek olmak isteyen, dillerde destanlaşıp ebedîleşmek, zamanları aşıp mekânlarla daralmadan büyümek için umutlanan genç adam,

Uykusundan, emsallerinin yaşadığı zevklerden, günlük menfaatlerden feragat edebilen, Allah'ın kapısından başka kapıya muhtaç olmamak için çırpınan, kula kulluktan kulları yaratana kulluğa yücelmek için uğraşan genç!

Sevgili Genç, Gözler Önündeki Umut,

Sen büyüğe talip oldukça Eneslere, Üsamelere imrendikçe sana büyük büyük kapılar açılsın diye bekledikçe senin meşakkatin de artacak bilesin. Senin yüreğin alevlendikçe, planların/çabaların çoğaldıkça seni izleyen melekler de ar-

HÜR GENÇ

Haccetmek tüllenir gözünde ömrü boyu. Bir kere haccetse kendini cennette bilir, bir daha dünya atmosferine dönmez artık. Haccı böyle bekler, böyle yapar vakti gelince.

Hacc ve Kâ'be gidemediği yer olursa üzülmez. Kâ'be gelir onun yüreğine, hür yüreği döne durur etrafında.

tacak. Seni bin melek izlerken adım adım, milyonlarca melek kuşatacak seni. İnsanların gözü senin üzerinde iken sıradan bir genç olduğunda gökler seni izleyecek, yıldızlar yağacak senin başından aşağı; adımların, soluğun, bakışların kollanacak.

Sevgili Genç, Gözler Önündeki Umut,

Sen, "Ben Rabb'im için varım." dedikçe, "Kula kul olmam, kulları yaratana kul olurum." dedikçe sınanacaksın. "Faniyi istemem, ebedî cennetler isterim; arkadaş istemem, Enesler, Üsameler isterim." dedikçe sınanacaksın. Güzel sözler mi diziyorsun? En güzele, cennete mi koşuyorsun? Bunları görmek ister Allah. Allah görür, gördüğünü meleklerine ve mü'min kullarına da gösterir. Sonra da sen, göklerdeki yıldızlar gibi parlayan bir ufuktan cennetlere süzülürsün. Şahidin Allah olur, melekler olur, mü'minler olur.

Önüne kayalar gibi çetin fitneler konur, cinsel şehvetine karşı sabrın denenir. Haramdan ne kadar korktuğun ölçülür. Helal olmayan sana yaklaşabilir mi, o izlenir. Kiminle oturup kalkacaksın ona bakılır. Ömrünü nasıl geçireceksin, sıhhatini nerede harcayacaksın, o bilinsin istenir. Sınanacaksın çare yok! Büyük istedin, çok istedin, en güzeli istedin, isteneceklerin en a'lâsını istedin sen.

Bir kere çıktın ya yola sen,

İstedin ya Arş'ın gölgesini,

Özledin ya Enes gibi, Üsame gibi olmayı,

Bekledin ya, sana da ordular teslim edilsin diye,

Genç yaşında, delikanlı iken sana kitaplaştır diye Kur'an teslim edilecek bir Zeyd olmayı özlüyorsun ya...

Bu istediklerinin okulu yoktur. Bunlar sabır ister, sebat ister. Emsallerini, okul arkadaşlarını değil Enes'i, Üsame'yi, Zeyd'i örnek alarak yürüyeceksin. Seni kuşatsa da şehvet, menfaat, zevkler ve temenniler salmayacaksın kendini. Yol bitmeden yorulmayacaksın, tuzaklara kanmayacaksın.

Madem ki sen umut oldun, Ümmet'inin yarınısın, yaşadığın zamanın Enes'i olmak istiyorsun fitneler dağını aşacaksın; şehvetlerin kaygan zemininde kaymayacaksın. Haramlarda taviz vermeyeceksin.

Kur'an sana emanet edilsin, sen de çağının Zeyd'i ol diye çırpınıyorsun ya, o zaman yaşına başına bakmadan umudunla çıkacaksın yollara. Kâğıt peşinde koşmayacaksın. Fırtınalarla karşılaşsan da tek kalsan da yolundan dönmeyeceksin.

Tükenen umutlardan sonra semamızda parlayan yıldız genç,

Yükün ağır, çilen karmaşık. Sen düşmanı çok olan bir davaya talip oldun.

Seni sınamadan vermezler sana o büyük payeyi.

Hazır ol, güçlü ol.

Fitnelere karşı direnmeye aday yiğit ol.

Şehvet ve şöhret fitnesi seni eskitmesin. Gence bulaşan fitneleri tanı. Şeytanın sana neler diyeceğini tahmin etmelisin. Haramları nasıl şirinleştireceğini bilmelisin. Etrafındaki yığınları nasıl şehvetler peşinde sürüklediğini sonra da onların nasıl bir hiç olarak tükendiklerini iyi gör. Gör ve anla. Fani ödüllere verme kendini.

Savur fitneleri de gel ey genç!

Bekleniyorsun camilerde, evlerde, medreselerde, her yer seni bekliyor. Gökler ve yer sana hazırlandı.

Savur fitneleri ve gel!

Hür Yürekli! Engellere Takılma!

Medine'de inen ayetler kıyamet vaktine kadar rehberimiz olacak, Medine'de inen ayetlere göre yaşayıp öleceğiz inşallah. İtikadımız budur, hayat ölçülerimiz bu çerçevededir.

Yeryüzünün neresinde bulunursak bulunalım, orası bizim için Medine'ye uyarlanmış bir zemindir. Zaman hangi çağı gösterirse göstersin, bizim için vahyin indiği zamana göre hayat vardır.

Müslümanlıktan anladığımız budur. Eskiyen veya etkilenen bir din değildir iman ettiğimiz İslam!

Elimizdeki Kur'an'ımız ve hadislerimiz, bize yaşadığımız sürece rehber olmaya, başka kaynağa muhtaç olmadan ayakta kalmaya yetecek güçtedir. Ne Kur'an ne de sahih hadisler bir aşınma görmüştür.

Dünya hayatımız için bize yeterli olduğuna inandığımız Kur'an ve hadisler, ilk nesil olan ashabı hangi cennete götü-

HÜR GENÇ

Mücahittir o.

Cihadı hayatın gayesi bilir. Cihad edenlerle etmeyenlerin farkı, bir iş yerinde hak etmeden ücret alanlarla ücretinin hakkını vermek için çırpınanlar gibidir onun gözünde.

Tazecik bedenini cihatta kullanır.

Azıcık harçlıklarından cihat için infak eder.

Cihat düşünür, cihat ile uyur. Rüyalarında cihat olur. Dilinde cihat, kalbinde cihat, gözünde tüllenen cihat.

Halid bin Velid'dir, Ebu Hureyre'dir, Mus'ab bin Umeyr'dir, Enes bin Malik'tir, Ebu Hanife'dir, Ahmed bin Hanbel'dir, Buhari'dir, Nevevi'dir; kabiliyeti nerede ise o orada mücahittir. Rabbi onu ne için ve nerede yarattı ise o oradadır.

Cihat eder, ecrini Rabbinden bekler. Eliyle, diliyle, kalbiyle, kalemiyle, bakışlarıyla, tutuşuyla, ferasetiyle, itaatiyle, zikri ve kıraatiyle mücahittir o.

recekse, bu asırdaki veya gelecek asırlardaki Müslümanları da o cennete sevk etmeye muktedirdir. Onların heyecanı ile bizim heyecanımız aynı kaynaktandır.

Her Müslüman nesil, imanını yaşadığı zamana hâkim hale getirmek için uğraşmak zorundadır. Buna cihad diyelim, amel-i salih diyelim; kullandığımız isimler önemli değildir.

Önemli olan, imanımızın kaynağı Kur'an'ı ve hadisleri, üzerinde gezindiğimiz toprağa hâkim kılmaktır. Müslüman, ayakta kalabilmek ve üzerine düşen görevi ifa etmiş olmak için buna mecburdur.

İlk nesil olan sahabiler, kendi şartlarını, karşılaştıkları zorlukları aşarak dinleri için gelecek nesillere yetecek büyüklükte yatırım yaptılar. Ebu Cehiller, Ebu Lehebler onları gayelerinden alıkoyamadı.

İleriki dönemlerde imtihan türü değişti, fakirliğin yerini zenginlik, dış güçlerin yerini iç fitne aldı, yine de onlar büyük gayeden geri kalmadılar. Tarihin şahadetiyle üzerlerine düşeni en mükemmel şekilde yerine getirdiler. Allah onlardan razı olsun.

İhlâsları sayesinde Allah onlara yardım etti; zoru başardılar, zamanın bereketini gördüler.

Biz, iki sorumluluk taşıyoruz. Birincisi, yaşadığımız zamanın fitneleri ne olursa olsun, erimeden, bozulmadan, vahyin indiği günlerdeki tazeliği ile bizde kalmasına çalışmaktır. İmanımızın bin bir fitneye maruz kalabileceğinin şuurunda olmak zorundayız.

Ebu Cehiller, Ebu Lehebler olmayabilir. Ama onları aratmayacak, kimi zaman onlar gibi ürkütücü görüntüsü olmayan, ambalajı şirin fitnelere muhatap olabileceğimizin idrakinde olmalıyız. Gece gündüz teyakkuzda olarak koruyabileceğimiz bir imanın bizi cennete götüreceğini bilmemiz lazım.

Hadislerde haber verilen 'gece karanlığı gibi fitneler' ne anlama gelmektedir, bize ne etkisi olabilir gibi sorular zihnimizi meşgul etmelidir.

İkinci sorumluluğumuz ise, bize intikal eden iman nurunun bizden sonrakilere taşınması için yapmamız gerekenlerle ilgilidir. Kur'an alfabesinin yayılmasından, siyasetin yönlendirilmesine kadar, imanın bir dava olarak gelecek kuşaklara pürüzsüz taşınması için gereken her şey bu sorumluluk dairemizin içinde kalmaktadır.

Yürümek durumunda olduğumuz yol çalılık olabilir, olacaktır da. Başta enbiya olmak üzere, düz yollarda yürüyen olmamıştır. Tahminlerimizin üstünde sıkıntılar, aşılması güç tepeler önümüze çıkabilir.

Dostumuz düşmanımızdan daha az olabilir, hatta tek kalabiliriz. Her şarta hazır, Allah'tan başkasından beklentisi olmayan, tek kalmakta bir sıkıntı görmeyen, Allah katındaki ecri dünya nimetlerinden hiçbirine değişmeyen bir anlayışla yol almak durumundayız.

Bizden önce Allah'ın rızasına erenler bu şartlarda o rızaya erdiler. Yol budur. Çalılık da olsa, çamur da olsa yol budur. Bu yolun sonu cennettir.

Not Defterinden Okunmalısın

Mü'min genç!

Arş'ın gölgesini kendisine mekân edinmeyi uman, ulularla beraberliği isteyen, fanilikten ebedîliğe yürüyen umut yüklü genç! Seven ve sevilen, beklenen, ayakta ve azimli, yaşadığı zamanın ötelerinde duran, imanıyla, ameliyle farklı genç! Sen farklısın ve farksın. Sıradan biri değil, sıraların önünde duran, kendisinden daha fazlasını bekleyenler için büyüyen birisin.

Sen farklısın ve farksın. Fark sensin.

Farklı olmanın, yüklü bir bulut gibi semalarımızda beliren bir genç olmanın zorunlu gereklerinden biri de her şeyinde farkının seni simgelemesi olmalıdır. Vakarın ve heybetin seni yansıtmalıdır. Tevazu sende izlenebilmelidir. Gözlerinin hak olanı görmedeki hassaslığı, kulaklarının batılı filtrelemesi, ellerinin ayaklarının mubahlardan gayrisine işlememesi sana ait ve seni sen yapan özelliklerin olmalıdır.

Seni izleyen dostların heyecanlansın. Sende geleceğin muştularını izlesinler. Çiftçilerin yüzünü güldüren bulutlar gibi

HÜR GENÇ

İnsanî ilişkilerinde de hürdür. İnsandır, insancadır. Onurludur, seviyelidir. Ezmez, ezilmez, ezdirmezdir.

Camide nasıl ise alışverişinde de öyledir.

ol. İçinden beyaz önlüklü doktorun çıktığı bir ambulans ol. Topraktan fışkıran bir pınar ol. Çatlamış toprağı sula, insanların bağrını serinlet. Sen farklısın, fark sensin.

Düşmanın kim ise o da senden ürksün. Heyecanın, gayretin, sempatin ürkütsün. Sen yolda iken engeller yolundan çekilsin. İşte bu senin farkındır; umutla bekleyenin kadar ürküterek korkuttukların da bulunsun. Asırlardır engelleniyorsun, o kadardır da bekleniyorsun.

Sen, Rabbinin huzurunda rükû ederken, secdede alnını toprağa koymuş iken, melekler de insanlar da seni o muhteşem miracında izlesinler. Rükun farklı, secden farklı olsun. Zikrin, amelin, işin, sözün, bakışların bambaşka olsun. Senden ihlâs ve samimiyet, sadelik, berraklık yayılsın. Sözlerin hakkı tutup kaldırsın. Dilin hakkın dili olsun.

Mü'min genç!

İman, olduğu gibi harekettir; hareket getirmeyen iman, örnek nesil olan ashabın imanının gerisindedir. İman ile beraber Mus'ablaşıp yollara düşmek gerekir ki, iman iman olsun. İman, cennetin adını duyunca elindeki salkımı atıp cennetteki salkımlara koşanların işidir. İman teslimiyettir. Allah ile pazarlık cüreti gösterenin imanında sıkıntı olur. Tam teslim olan, bedenini, aklını ve malını vermekte ileri geri yapmayanın imanı meleklerin imrendiği imandır. Böyle olmayan hem çetin bir yokuşta susayacak hem de kendini aldatmış olacaktır.

Sakın kendini aldatma. Samimi ol, yürekli ol, gerçekçi ol. Sen farklısın ve farksın. Namazında tanınmalısın. Kur'an tilavetinde bilinmelisin. Cihadında anlaşılmalısın. Heyecanında izlenmelisin. Umudunda dolup taşmalısın. Sinip kalma. Pısırık bir görüntü verme. İnsan peşinde sürüklenme. Ölürken bile canlı ol; bütün dünyanın yıkıldığı bir anda elindeki fidanı dikecek azmin eksik olmasın. Kimsenin olması gerekmeden sen olmalısın. Her yer senin, her zaman seninle işler olmalıdır. Elini kaldır, yükselt ve parmak uçların Arş'a değene kadar indirme bir daha.

Oku ve okut. Yürü ve yürüt. Sabret, sebat et. Yardım isteme, yardım et. Yürüme, koş!

Sakın doğum tarihini, annenin rahminden çıktığın gün olarak belirleme; çok az yaşamış olursun. Ölümü de, toprağın altına girdiğin zaman olarak bilme; hiç denecek kadar az yaşarsın. Rabbine 'evet' dediğin günden başla yaşamaya. Doğum tarihini o güne kaydet. Bir daha da ölmeyi düşünme; ebedîlik diyarında dostlarınla, emellerinle buluşacağın mekândaki ölümün öldüğü yerde bil kendini. Böyle bilenlerle otur kalk. Takvimini böyle kur, ajandanda bunlar yazılı olsun. Kendini ne köyünle ne de kasabanla daraltma. Dünya sana dardır, uzay da yetmez senin sevdana. Seni rahatlatsa ancak ebedîlik diyarı rahatlatır. Ömerlerle, Nesibelerle muhabbete dalmadan sözün bitmesin. Bir daha susatmayan sudan içmedikçe hiçbir suya kanmayasın. Sakın bir yere yerleşik kalma. Yürü ve oturma. Oturulacak yere varmadan yolun bitmesin.

Sen farklısın. Sen farksın. Sen umutsun. Sen beklenensin...

İlmin, ibadetin, heyecanın, zikrin, basiretin, idrakin, yürüyüşün, tutuşun imanındandır. Seni bekleyen nesillerin bunları görmesi haklarıdır. Kolay mı beklemek? Gözü ufuklarda kalmış olmak kolay mı?

Sen farklısın, sen farksın. Farkını ajandandan görelim. Sen yokken de notlarından seni okuyalım mü'min genç. Parmak uçlarından, ayak izlerinden seni izleyelim. İşlerin seni göstersin ey farklı genç.

İlmi Yerine Koy!

Ümmet'imizin kitabı olan Kur'an "Oku!" emri ile başladı. Gerçek bir okuma ümmetiyiz. Okumamız ibadetlerimizden sayılmaktadır. Secde eder gibi, cephede cihat eder gibi, Kâ'be'de tavaf eder gibi, Ramazan ayında iftar eder gibi, malı Allah için infak eder gibi okunur bizde. Okumak ve okutmak ibadettir. Her ibadet gibi Allah'a götürür, cennet kazandırır okuduklarımız.

Okumak ve öğrenmek Allah'a yaklaştırır. Allah'a en yakın olabilecekler de okumuşlardır. Onlar, Allah'tan hakkıyla korkmayı becerebilirler. Okumuşlar, okuyarak kimliklerine ilimle alakalı bir ilave kazandırmışlar önderlerimiz. Onların peşinden gitmemizi emretmiştir dinimiz. Onları severiz, onları sevmekle de Allah'ın razı olacağı bir iş yapmış olacağımızı düşünürüz. Putlaştırmadan, abartmadan sever sayarız. Onları bize ışık yansıtan ay gibi bilir, takdir ederiz. Dinimizi yaşarken onların önderliğinde bir yürüyüş içinde olmayı, dış akımların ve tesirlerin etkisinden kurtulmanın en önemli gereği olarak biliriz. Varlıklarını bir rahmet, yokluklarını da helakin başlangıcı olarak anlarız.

HÜR GENÇ

Ahlâkını dini bilir.

Kendisine karşı beklediğini başkalarına gösterir, uygular.

Ahlâkı üzerinden pazarlığı olmaz.

İlim, âlim, okumak, yazmak, kitap, ders... Bu kavramlar bizim Ümmet'imizin tarihinde onurlu izlerle anılan kavramlardır. Biz ilim için hicret eden, diyar diyar elinde kitabı ile dolaşan insanların devamıyız. Ayırmadan öğrenen, okunacak en büyük kitap olarak kâinatı gören insanlarla çıkıldı yola. Kur'an okudular, matematik anladılar. Fıkıh okudular, coğrafya öğrendiler. Tıp bildiler, hendese bildiler. Bildiklerini kendilerine saklamadılar. Okumak ve öğrenmek kadar bir sonraki nesle aktarmak da onlar için gaye oldu. Okuduklarından ticaret yapmadılar. Öğrenmekten aldıkları hazzı öğretirken kat kat yaşadılar. Evlatlarından ayırmadıkları talebeleri ile yaşadılar. Sabrederek ilim öğrenmenin zorluklarına karşı direndiler. Öğrenmek için okuma mekânları olacak okullara kolay kolay sahip olamadılar. Camileri okullaştırıp ilimle ibadeti birleştirdiler. Ne gecenin zifiri karanlığı ne de kışın soğuğu onları tembelliğe itti. Sabah güneşinin ışıklarını heyecanla beklediler. Güneşin ilk ışığından itibaren kitaplarına yığıldılar. Akşam güneş batıp artık göz gözü göremeyince de gözleri görene yöneldiler. Geceyi de ibadetle ihya ettiler.

Onların şahidi kütüphanelerdir. Okudukları, yazdıkları yüz binlerce kitap elimizdedir. Bize ulaşmayıp kaybolanların ne kadar olduğunu bile bilemiyoruz. Okumayı, bu Ümmet'in ilk emri görerek yaşayan o mübarek nesil, örneğimiz ve önderimizdir. Okuyarak, öğrenerek onların izinden gidebiliriz.

Okumak, öğrenmek ve âlim olmak, namaz kılmak ve haccetmek gibi ibadettir elbette. O ibadetler gibi bu ibadetin de incelikleri vardır. Her okumak, okumak değildir. Her ilim

ilim, her âlim de âlim değildir. Her eğilip kalkmanın namaz olmadığı gibi eline kitap alan herkes okumuş olmuyor. Her diploma sahibi âlim olmuyor.

İlim dediğin Allah'a götürecek ki ilim olsun. Matematik de olsa, coğrafya da olsa Allah'a götürmelidir. Dünya yaşantısına yaradığından çok ahiret emeline hizmet etmelidir. Kur'an tefsiri okur gibi ahiret hazırlığı yapmaya sevk etmelidir. Bedene hizmet ettiği kadar ruhu da yüceltmelidir. İlim budur, bunların sahibi âlimdir.

İlim, değeri kâğıt üzerinde ölçülemeyen kıymettir. Kâğıtlarda yazan unvanlar veya puanlarla ispat edilecek bir kimlik, bizim için ibadetleşmiş bir ilim beklentisini karşılamaz. Sahibine yansımayan, ahlâkı etkilemeyen, olgunlaştırmayan okumaların tortusu özünden çok demektir.

İlim adamı, yürüyüşünden bellidir. İlmin ağırlığı ona vakar olarak yansımıştır.

Konuşurken okuduklarından konuşur. Sözü boş, kulağı delik değildir.

Okumuşluğunu insanlığının ötesine geçiren, bilgisini imanının artmasına sebep yapamayan gerçekte bir şey okumamıştır. Onun ilimden nasibi yoktur. O sadece bilgi hamallığı yapmıştır. Çünkü ilim en pratik değerdir. İlme ulaşan hemen değişir; olgunluğu, sabrı, ideali, tavırları ve sebatı ilimden kaynaklanır. Onu ötelerden izlerken ilim üzerinde okunur durur.

Her okuma, öbür okumayı çekmelidir ki bizim idrakimiz olan beşikten mezara kadar olan okuma gerçekleşmiş olsun. Diploma ile biten okumalar kısırdır. Kitap kapaklarının sınırlarını belirlediği okumalar eksiktir. İlim, beşikte başlamalı; mezara kadar sürmelidir. İlim odur. Âlim de onu yapabilendir. Diploma ve unvan ile sınırlı okumalar yüzeyseldir.

İlmi yerine koyduğunda gerçek bir mü'min göreceksin. Allah'tan korkan, ilmiyle amel eden, ahlak sahibi, alan değil veren elin sahibi, mütevazı, sabırlı, vefalı, olgun, mücahit, âbid ve zahit birini gördüğünde, hakkıyla okumuş olan ve hakkıyla okuyan birini gördüğünü bil. Peşinden gidilecek odur. Sevilecek odur. Örnek odur.

Gerisi ise okumayanlardan okumuşlardır ancak.

Yüreğin İçin Hür Şehirler Kur

Allah'ın sana imandan sonraki en büyük ihsanı olan sıhhat ve afiyet durumunu, yeni yeni şehirler kurmak için kullan. Yastığa başını koyduğunda şehir kur. Uyanıp abdest aldığında, kapıdan çıkarken şehirler kurmak için yola koyul. Attığın her adım bir tuğla olsun. Konuştuğun her cümlen, kurduğun şehirlerin imarında harç olsun, boya olsun, renk versin. Sana ve senin imanına rağmen kurulmuş, senin içinde beton yığınları altında ezilmeye mahkûm edildiğin şehirlerin yerine yenilerini tasarla. Asla bugünün düne benzemesin. Her doğan güneş sende bir yenilik müjdesi getirsin. Bugünün dününden, yarının da bugünden ileride olsun. Yüksel ve açıl Allah'ın mülkünde. Arş'a kadar uzanmadan oturmak olmasın senin lisanında. Göklere dalmadan, fezaları aşmadan düşünmekten vazgeçme.

Mus'ab ol, şehirler kur. Kurduğun şehirler, bütün insanları ve melekleri barındıracak çapta olsun. Toprağınla, köyünle, kasabanla daraltma şehirlerini; akrabaların ve bildiklerinin üzerine tapulama. İnsan nev'ine açıl, mü'mini barındır.

Kurduğun şehirleri, asırlara hitap edecek şekilde kurma.

HÜR GENÇ

Emin insandır.

Sözüne, gözüne, kulağına, eline, ayağına, cebine güvenilir.

Emanetini kaybetmeyi dinini kaybetmek olarak bilir. Dinini koruduğu kadar eminliğini de korur.

İki asır, üç asır sonra yenilenmesi gerekli olmasın. Bir kuruluş yap ki ebedî olsun. İsrafil'e kadar sürsün. Kendini canlı tutan, sele/fırtınaya kapılmayan, ateşte yanmayan, rüzgârda eskimeyen, yakıcı güneşlerde rengi solmayan, zamanın aşındıramadığı yapıların bulunduğu medeniyet merkezleri oluştur.

Sen bu şehirlerden her gece birini kur, yükselt. Yattığın yatakların senin proje çizdiğin masaların gibi olsun. Yürüdüğün yollar, medeniyetinin harcını yoğurduğun tekneler gibi olsun. Beraber oldukların, seninle görüşenler ve senin görüştüklerin mimar arkadaşların gibi olsun. İşten anlamayanla vakit kaybetmeyesin; senin işin çok, vaktin azdır. Bütün insanları ve yeryüzüne inmekle mükellef melekleri barındıracak, şeytana ve avamına karşı korunmuş Medineler kuracaksın. Sana, senin gibi olacaktan başkası yüktür. Onlar seni oyalamadan sen onlardan uzak kal. Yatağını çalışma masası, yollarını iş yeri yapamayandan senin alacağın yoktur. Onlar, kurulu şehirlerin beton enkazı altında kalmış acizlerdir. Sen ise betonların enkazı üzerinde yeni bir medeniyet kuracaksın. Senin gecelerin iş üretme, gündüzlerin de iş tatbik etme zamanıdır. Asırlardır medeniyetsiz kalmış nesiller seni bekler dururken zamanın değerlidir.

Şehirler kur, medeniyetler yükselt. O şehirlerde en üstün söz, yegâne kural Allah'a ait olsun. Hak yükselsin, batıl zail olsun orada. İnsanlar, insan olmanın onuru olan imanla müşerref olsun. Mü min aziz olsun oralarda.

Ezanları yüreklerden okunsun, fezaya yayılsın senin şehirlerinin. Kur'an'ı ve kâinatı okuyan talebelerin medreseleri ile doldur şehirleri. İnsanlar ve ağaçlar secdeye kapansın, rahmet yağsın semalarından, toprağı bereket çıkarsın.

Zalimlerin olmadığı şehirler kur.

Ensarı olan, muhacirin ezilmediği ve dilenmediği, taşın insana hükmetmediği, malın tapınılmadığı, kadının kadın, erkeğin de erkek olduğu, her doğan çocukla Ümmet'inin Peygamber aleyhisselama övünç kaynağı olacağı şehirler kur, o şehirlerde yaşa.

Sen mimarsın, harabe dünyayı mamur hâle getirecek umut sensin. Taşın insanı esir etmediği diyarlar bul bize. Yolları batıla götürmesin, sahilleri can almasın, toprağı çürümüş olmasın oraların.

Sonra da sen, o kurduğun şehirlerin çöllerine yalın ayak, gömleksiz gittiğin gibi bir gün Rabb'ine kavuştuğunda arkanda servetler bırakma. Kurduğun şehirler seni ihya etmiş olmasın. Kendin için yaşamış olma, kendine biriktirme. Enkazı üzerinde medeniyet kurduğun uygarlıkların kültürüne ve yaşam tarzına takılıp kalma. Seni, yastığında kurduğun hayallerin gibi bilsin melekler. Berrak ol, berrak kal. Nesiller senin omzuna basıp yükselsin, sen de onlara tutun ve yüksel.

Kur şehirlerimizi ey mimarımız! Daralan yüreklerimize esenlikler getirecek rüzgârların estiği vadilere aç bizi. Kurtar bizi betonlardan, kolonlardan. Bize yeni kardeşler, eskimez dostluklar getir.

Umuttun, umutsun.

Mus'ab'dın yine Mus'ab'sın.

Yeter ki sen, çöllerimize şehirler kur. Her gece bir şehir kur. Her gün bir şehir aç bize. Sonra da bize sabrı öğret, seni bekleyelim, seninle dolalım ey Arş'ın Gölgesindeki Genç!

Rızkı Dert Etme

Müslüman, teslim olmuş insandır. Kendisini ve her şeyi yaratan Allah'a teslim olmuş insana Müslüman denir. Hem teslim olmuştur hem de teslimiyetin gereği olan yaşam tarzını benimsemiştir. Bu teslimiyeti de kerhen değildir; gökler ve dağlar, kendilerini yaratana nasıl teslim olmuşsa, öylece kendisi için teslim olmayı tek yol görerek teslim olur Müslüman...

Müslüman'ın beyni, teslim olmuş beyindir. Gözü teslim olmuş gözdür. Kulağı, teslim olmuş kulaktır. Eli öyledir, ayağı öyledir. Teslim olmuşluğu, Müslümanlığından gelen organlarla yaşar o. Gözünün, kulağının, dilinin filtresidir Müslümanlığın ona yükledikleri. Düşündükleri de uluorta değildir; kimliğine uygun, eyleme dönüştüğünde sonuçları utandırmayan şeyler düşünmeye çalışır. Bedenini teslim edip aklını ötede bırakan olmadığı gibi, aklını teslim ettiğini söyleyip bedenini kaçıran da değildir. Neyi varsa onun, teslim olduğu İslam'a adanmıştır. Biricik varlığı gençliği ise, onun adandığı İslam'ına adanmıştır. Malı varsa malını, namı varsa namını, yüreği varsa yüreğini, sözü varsa sözünü adamış, her şeyiyle adanmıştır.

HÜR GENÇ

İffetlidir.

Annesinden doğduğu günün berraklığında bir iffet taşır.

İffeti üzerinden pazarlığı yoktur.

Bedeninden koparılır bir parça da iffetinden koparılamaz

Müslüman bilir ki, o kendisini teslim ettiğinde, eğer teslimiyetinde sorun yoksa onu teslim alan Rabbi de kendisini asla yalnız bırakmaz. O, okyanusun dibinde bir balığın karnında iken, karanlıklar içinde görmez, bilmez durumda iken bile yalnız değildir. Teslim olduktan sonra su onu boğamaz, karanlıklarda ürkmez, kaybolmaz o. Bir ateşin içinde alevlerin ortasında kalsa da yanmaz o. Ateş onun selameti olur, güvende bulur kendini. Suyu, ateşi ve onu yaratan Rabbi, ona selamet diliyor olduktan sonra ne su ne de ateş korkulacak şeyler olmaz gözünde.

O bir kere teslim olmuştur.

'Teslim ol!' çağrısına Müslüman olarak cevap vermiş ve kendisinden bekleneni yapmıştır. Gökler kadar yüksek, umman kadar derindedir yüreği. Ayakları üzerinde yürürken bile kendini meleklerin kanatlarında hisseder. Korkulardan korkmaz, ölümlerden biri ile ölmez o; ruhu bedeninden çıkar ama ölmez, bilakis ruhu ile bedeni ayrılır ayrılmaz kanatlanır da, ebedî âlemlere doğru açılır.

Yalnızlık hissetmez Müslüman olmuş insan.

Her şeyin ve herkesin sahibi ile beraber, O'nun yanında ve O'nun himayesinde olduktan sonra gece ile gündüz, sıcak ile soğuk, karanlık ile aydınlık aynıdır artık.

Dertsizlik diyarının adamı olma yolunda iken, dertler onu ezemez.

O bir kere teslim olmuştur.

Artık onu, başkasının esir etmesi mümkün olmaz. Elleri kelepçelenir, ağzından dişleri sökülür, gözü çıkarılır, eli ayağı koparılır ama o teslim alınamaz. Korkutulamaz o. Her şeyin sonu olan ölüm onu korkutamazken, ölümden daha ehven olan yaradan, sızıdan neden korksun? Kalabalıklardan ürkmez, yalnızlıkta kaybolmaz. Çünkü o, ne kalabalığa muhtaç bir yalnızdır ne de kalabalıkta yer bulamamış biri. Meleklerle beraberliğe iman etmiştir, imanı ile de pek değerli, ihmal edilmez biri olduğuna inanmıştır. Bu anlayışla da Müslüman olmuştur zaten. Onun için de kimseye el açmaz, kimseye minnet etmez.

Çevresini dolduran kuşları, karıncaları, haşeratı izleyen gözü öteleri görür. Karnı aç olmayan karıncalardan ibret alır. Onları aç bırakmayan yaratıcılarının aynı zamanda kendisini de yarattığını müdriktir. Karıncaların Rabbi olan Allah, onun da Rabbidir. Karıncaları aç bırakmıyorsa onu neden aç bıraksın diye düşünür. İçi rahat, gözü toktur. Eli üstte, ayağı yoldadır. Dertsizdir, diktir. Güvendedir, güven vermektedir.

O bir kere teslim olmuştur; rızkın ve her şeyin sahibine teslim olmuştur. Toprağı ve toprağın verdiği her şeyin sahibi, onun da gerçek sahibidir. Yağmur yağdıran, bitki bitiren kim ise, onun rızık planlarını yapan da O'dur. O'ndan başka da geçerli bir plan yapabilecek olan yoktur. Ne kendisi ne de onun gibi mahlûk olan biri; kimsenin kendi midesine koyacağı tek bir lokmanın yaratıcısı olması mümkün değildir.

Böyle inanır, böyle yaşar. Semada yüzen kuşlar, denizlere dalan balıklar gibi; hürdür, rızık kelepçeleri ile kelepçelenmiş bilekleri yoktur onun.

Rızık derdi de yoktur, gelecek derdi de.

Hürdür, yücedir.

Teslim olmanın verdiği rahatlık içindedir. Ağzına girecek

bir lokmanın hesabının göklerden ötelerde yapılmış olması kadar güven veren ne olabilir? Gelecek derdi nasıl olsun onda ki, geleceği yaratana teslim olmuştur bir kere...

Bir kere teslim oldu ya, o teslimiyet bütün dertlerini bitirmiştir artık. Hürdür, diktir, onurludur. Ezdirmez kendini, eğmez başını fırıncının önünde. Manav tezgâhında takılıp kalmaz asla. Baklagilleri tespih edinmez, tuhafiyeci tezgâhında ördürmez kendini. Dertsizdir, umutludur. Çünkü bir kere teslim olmuştur, neden dert edinsin rızkını?

Futbol Seninle Oynamasın

Sen, âlemleri yaratan Allah'ın kulusun. Yarattığı her şeye hükmeden, hükmünde adil olan, Azîz ve Kahhar olan bir Rabbin var. Rabbin seni, O'nun kulluğunu hakkıyla yerine getiresin diye yarattı; seçip mü'min yaptı. O'nun lütfu ile iman nimetini yaşadın. Büyüksün, büyüklük için varsın. Muhteşem cennet için yaşıyorsun, o cennete ulaşmak için yol alıyorsun. Günlerinden önce saatlerin, saatlerinden önce dakikaların, dakikalarından önce de nefeslerin sayılıyor. Sayılı nefesleri harcayarak sayılmayacak bir zamanı yaşamak için varsın.

Sen sadece sensin; şahsiyetin ve imanında senden başka hiçbir şeyle ölçülemezsin. İmanın seni yerde yaşayan Arşlı biri yaptı. Sen, cennete koşan bir yiğitsin. Önün cennet, hedefin muhteşemdir. Çileli ve engelli bir yoldan yürüyeceksin. Teller, barikatlar atlayacaksın. Nefesin tıkanacak, soluğun azalacak, benzin

HÜR GENÇ

Hayâ ile yaşar.

Hayâ eder.

Hayâ edilir ondan.

Yüzünün suyunu dökmez, kimseye de yüzsuyu döktürmez.

solacak, gözünün feri azalacak, nabzın düşecek ama sen yıkılmayacaksın.

Sen ki, önceki nesillerle sonrakilerin arasında bağ kuran bir halkasın; çürüyüp kopamazsın. Sen koparsan, sonraki nesillerin Halidlerle, Tarıklarla bağı kopar. O bağ, maazallah koparsa bütün nesillerin bir meydana toplandığı gün, bağı koparan genç olarak kime ne diyebilirsin?

Nerede durduğuna bak lütfen!

Kimlerle kimleri birleştiriyorsun, sen kimsin, kimin adına varsın, nereden geldin de nereye gidiyorsun; bunları düşün, beynin ısınıncaya kadar, ebediyete kadar uykun kaçsa da bunları düşün.

Elbette esir değilsin; gülmek, neşelenmek, yürümek, oynamak, eğlenmek asla sana yasak değildir. Bunları sana Rabbin helal ettikten sonra kim senden alabilir o hakkını? Dağlara tırmansan, çöller aşsan, okyanuslarda en derinlere kadar yüzsen sen yine sensin.

Oyna, sıçra, eğil, kalk ama çökme!

Mü'min şahsiyetini bir bütün olarak gör. Namaz vaktinde namazla diril. Ramazan gününde oruç sana can versin. Kâ'be ile karşılaşınca yeniden yaratılmış gibi ol. Yediğini diri kalmak için ye. Şeffaf ol, samimi ol.

Sabret, sabrı silah gibi bil. Kendini yalnız zannetme. Melekleri unutma; onlarla beraber yaşamanın gerektirdiği gibi yaşamaya çalış. Camide olduğun gibi ol oyun alanında da.

Örneklerin seçilmişler olsun; Halid olsun, Selman olsun, Enes olsun, Üsame olsun.

Teknoloji senin olsun. Paralar, pullar senin olsun. Arkadaşların, dostların olsun. Seyahatler et, yarışlara katıl. Oyuncu ol, hakem ol. Galip gel, mağlup ol, berabere bitir ama yığılıp kalma. Uyu, dinlen, ye iç ve teneffüs et. Şu âlemde senin için yaratılmamış hiçbir şey yoktur. Kim bu âlemi ve âlemdekileri yarattı ise, seni de yaratan O'dur ve her şeyi sana mubah kılmıştır. Yaratan ve mubah kılan O olduktan sonra korkma, havayı teneffüs eder gibi, su içer gibi, yürür gibi, tutar gibi nimetler içinde de yüzebilirsin. Neden çekineceksin ki; sahibi de O, izim veren de O'dur. Yeter ki kimliğini unutma, kendini kaybetme. Sen bir kaybolursan peşinden kimler kaybolur, bu ümmet neler kaybeder bir bilsen, ah bir bilebilsen!

Alışveriş de yapabilirsin. Sana helal olarak geleni helal olarak harcaman hakkındır. Sen helalsin, senin yaptığın da helaldir o zaman. Ne var ki senin ezeli düşmanın, seni sen olmanın dışına çıkarmak isteyen şeytan seni alışveriş için çıktığın çarşılarda çok ucuz fiyatlarla pazarlamak isteyecektir. Ona kanarsan, ucuza gittin demek olur. Ona kanman da harama bulaşman, şüphelinin etrafında dolaşman, ibadetten geri kalman, mü'min kimliğinin gereklerini aksatmandır. Böyle değilse, dünyanın bütün çarşıları senin olsun.

Gençliğinin gereği olarak spor da yapacaksın şüphesiz. Hatta yapmalısın da; beynin güçlü olsun diye bedenini güçlendir. Meydanlara çık, sahalara in. Hazırlıklı ol, sebat et; hep kazanan ol, dayanan sen ol. Görüntün heybetli olsun.

Seni asıl mevkiinden uzak tutmak isteyen şeytanın hilelerine karşı hazırlıklı ol. Oyun oyna ama oyuna gelme. Futbolu sen oyna oynayacaksan, futbol seninle oynamasın.

Mü'min Genç Ne Boştur Ne de Boşluktadır

Ebedî cennetlere iman edenin hesabı fani değerler üzerinden olmaz. Sonsuzluk heyecanını hisseden gün saymaz. Onun günü, dünya hayatının tamamıdır. Yaşadığı hayat, 'bir gün' kadardır zaten. Onun için saatler, dakikalar hatta saniyeler hesaba dâhil değildir bile. Nefeslerini sayar, bakışlarını denetler. Kulaklarından giren kelimelere varıncaya kadar hesaplı ve sorumludur o.

Ebedî hesapları olanın geçici işleri nasıl olsun?

Cennet köşklerini kurgulayanın boş vakti olur mu hiç? Boş vakit, boşlukta olanın elindedir. Kendine yer bulamayan ve bulunduğu yeri kendinin zannedenin durumunda boşluk vardır. Yemek içmek, neşelenmek hak olmasına haktır elbette. Haktır ama bu hak, boş vakit bulunduğu için kullanılmaz; gerekli olduğu için yemek vardır, uyumak vardır, gezmek vardır, neşelenmek vardır. Bunun için de adı gezmek, yemek, neşelenmek olduğu hâlde sonunda sevap kazanmak da gelecektir. İbadetler gibi; cennete doğru koşuyor olduktan sonra kıbleye yönelip namaz kılmak da ibadettir, arkadaşlarla bir piknik ortamında muhabbet etmek de. Yeter ki gayelerin gayesi cennet olsun. Ömür israf etmekten, boş zamanı olmaktan, vakit doldurmak için hobiye vakit bulabilmekten korunmuş bir hayat olsun. İslam budur, Müslüman böyledir.

Müslüman, camiini evleştiremez ama evini camileştirebilir. Evinde bulunan ve onun zevklerini tatmin edecek olan her şeye rağmen, evinde namaz kıldığında namazı, eşiyle neşelendiğinde eşi, sofraya oturduğunda da sofrası onun sevap kaynağı olur. Müslüman, sürekli kazanandır. Çünkü Müslüman, yaşadığı her şeyi, dini için hayata anlam katan imanı ile yaşamaktadır. O yiyip içiyor olsa da, caddelerde geziyor olsa da boş adam değildir. Ne boştur ne de boşluktadır. Hayatın içindedir ama hayat onu sürükleyemez; yönü ve amacı bellidir. Dünya nimetleri ile iç içe yaşamak ona coşku verir, Rabbine ulaşma heyecanı artar. Çiçeklere, böceklere bakar da cennetlerdeki o muhteşem nimetleri, ebediyetler âleminde emellerine kavuşacağı zamanı özler; gözleri dolar, yüreği yerinden kopacak gibi olur. Damarlarında kanı fokur fokur olur da kapanır secdeye. Rabbini tesbih eder, kanatlanır miraca doğru.

Boşlukta olmayanın boş vakti olmayacağını bildiği için iş üretir kendine. Bir işi bitirince diğerine yönelir. Dikilir ayağa da çömelmez şeytanın vesveseleri önünde. Yapamadığı şey olmaz onun. En az yapabildiği ya da hiç yapamadığı şey, yapmaya aday olduğu şeydir muhakkak. Onu Rabbi, hangi kabiliyet üzere yarattı ise o, kendisini o kabiliyetin adamı olarak bilir. Sıfır kabiliyetli olmayacağına göre, fıtratında olanın uzmanı olacaktır. İnsan adına ve insan için yapılabilecek ne varsa o bir iştir, yapar onu. Bıkmaz, usanmaz. Bıkılacak, usanılacak konumda olmaz; planlı, ilkeli olur. Bedeninin de emanet olduğunu bilir.

Ne güzel dinimiz var. Ne güzeldir İslam!

Ne hoştur Müslüman insan!

Hayat, Müslüman için ne anlamlı, ne pratik bir meydandır!

İslam ile buluşmuş ve uyuşmuş insan ne mükerremdir, ne saygındır!

Uyurken inananı ile beraber olan, uyurken bile kazandıran İslam, insanı insan olmanın onuruna ulaştıran dindir. Ona bağlanan insan, yeryüzünü aşıp cennetlere doğru yürüyen insandır. O insan, insanların arasından meleklere el uzatan kişidir. Çileler içinde çilenin olmadığı diyara el sallayan insandır o. Onun vakti de, bütün insanların kullandığı vakittir. O da sofralara oturur. O da pikniklere gider. O da eğlenir, güler, neşelenir.

O da yorulur ve uyur.

O da rüya görür.

Rüya gibi bir hayat yaşamaz ama rüyaları gerçek olur onun.

Umut yüklüdür, heyecan doludur. Samimidir, beceriklidir. Sabırlıdır, sabittir.

Eli doludur, gözü doludur, işi doludur, vakti doludur, ajandası doludur. Yüreği doludur; sevda ile, umut ile doludur. Önünden çok ileriyi gören gözleri ile umut ve heyecan saçar o. Beklerken o emellerini, o da beklenir durur. Asırlardır beklenir o, günü dolu, yüreği yerinden oynayası genç... Kâh mağarada ashabı ile görülür. Kâh Bedir'de meydanlarda izlenir. Kâh düştüğü yollarda izlenir göklerden. O yerde yürürken göklerden izlenir. O dolu olan ve dolduran genç!

Sen Senin Değilsin

'Lailaheillallah' dedikten ve ona sadık kalmaya ahdettikten sonra sen, senin olamazsın artık. Ne elin, ne ayağın ne de beynin senin olamaz. Düşünürken, bakarken, hesap yaparken kendi ekseninde kalamazsın. Sen ve anne baban, sen ve eşin, kardeşin, sen ve akrabaların, hısımların; akan büyük bir dereden alınmış bir bardak su kadarsınız... Kendini derenin suyu gör ama dere kadar görme sakın. Emellerin ve amellerin senin ekseninde dönmesin.

İki daire içinde duruyormuş gibi gör kendini. Birinci dairen ümmetindir. Ümmetin ile beraber düşün ve yaşa. İkinci dairen de insanlıktır. Her mü min kardeşin senin birinci dairende kalsın. Her insan da senin dairende olsun. Bakarken böyle bak, düşünürken böyle düşün. Yürürken attığın adım bu mesafeyi kuşatacak adım olsun. Avuçladığın zaman, mini avuçlarla avuçlama sakın.

Sen senin değilsin ki dilediğin gibi yaşama hakkın olsun. Mü'min olduğun sürece, eğer mü'min olarak da ölmek istiyorsan sen senin olmayacaksın. Sınırsız bir zamanı sınırsız bir cennette yaşamak istiyorsan, kendini evinle, akrabanla, arkadaşlarınla sınırlama sakın. Köyün, kasaban, ülken çok küçük kalır o sınırsızlık diyarına göre. Küçük düşünür, küçük kalırsan seni uçsuz bucaksız cennete uygun bulmayabilir melekler. Sofran büyük olsun. Bir tas çorba da olsa içtiğin, onu milyarlarla paylaşmaya hazır olmalısın. Bir dilim ekmeği milyon kere bölebildiğin zaman sen senin olmaktan çıkarsın da insan olursun. İyi bir insan olan da mükemmel mü'min olmuş olur.

Ellerini açıp dua ederken kendinden başla elbette. 'Bana, beni' de Rabbine ama sonra da başkaları bulunsun duanda. Annem de, babam da, kardeşlerim de, bütün kardeşlerim de diyebilmelisin. Sen başkalarını andıkça daha çok başkaları da seni anacaklar. Sen diğer insanları da kendin gibi görebilirsen, melekler de seni kendilerinden görürler bir gün.

Gününü kurtaran adam olmak sana yakışmayacaktır. Senin günün olmaz, hayatın olur, bütün hayat senin günün olmalıdır.

Olumsuzluklarda boğulup gitme şüphesiz... Umutlu ol, neşeli ol, tatlı ol, heyecanlı ol ama bir tek renge takılıp renk körü olma sakın. Senin gözüne takılan veya takılmayan başka olayları ve insanları da düşünmelisin. Böyle düşünenlerle beraber olmalısın. Bir elin yağda bir elin balda dedikleri sen değilsin elbette. Bir bakışı kendine bir bakışı da diğer insanlara diye bilinen olmalısın.

Yatsı namazını kılınca uyumak senin hakkındır, sabah namazını kılmak için uyanmak üzere uyuyabilirsin. Rüyalarında ise, senin himmetine muhtaç ve senin yardımınla kurtulacak açları, çıplakları, sefilleri gör. Karnı aç olanları da beyni aç olanları da... Vücudu çıplak olanı da ruhu çıplak olanı da... Çok gör, çok ibret al. Çok sev, çok sevil. Aç bağrını bütün mü'min kardeşlerine, onları kendin bil, kendini onlara ait bil. Yarını cehennem olanları düşün. Gününü heder edenleri düşün. Nefsini helak edenleri düşün. Çok ucuza kaybolanları düşün. Hatalara ses çıkar, yanlışları düzeltmeye koş.

Hiçbir şeyde kimseden karşılık bekleme, seni Allah'tan başkası tatmin etmesin. Cennetten azına asla razı olma. Teşekkür bile bekleme. Dünya parasına satmasınlar seni sakın.

O meşhur şehidin şu sözünü bir kenara not et, her sabah bir kere oku o notunu:

'Sırf kendisi için yaşayan zevk içinde yaşayabilir ama küçük yaşar ve küçük ölür.'

Sen, büyük yaşa ve büyük öl.

Diken Gülden Çok Olmasın

Sen, ey Arş'ın gölgesine doğru yürüyen, umudu büyük, umutla beklenen genç!

Prangalarını kırmış, yüreği hür genç.

İyi bilesin ki, Rabbin Allah ne yarattı ise bu dünya üzerinde hatta evrenin tamamında, o yarattığı şey sana hizmet için vardır. Bütün nimetler senin içindir. İman eden bir genç olarak nimetleri, önüne konmuş imkânlar olarak bilebilirsin. Kullanabildiğini kullan, yiyebildiğini ye, saklayabildiğini sakla. Onları sana ihsan eden, seni yaratan ve kulluğuna davet eden Rabbindir. Kimsenin o nimetleri sana yasaklama hakkı yoktur, olamaz da; Allah verdikten sonra kim alabilir, kim men edebilir?

Sen ve baştanbaşa kâinat, dünya ve içindekiler, uzay ve dirlikleri baş başasınız. Nimetler, imkânlar, fırsatlar hepsi, her şey... Formül gayet kolay: Allah, kulu ve Allah'ın nimetleri! İşte bu kadar... Yerken, içerken, gezerken, zevklenirken hep bu formül...

Nimetin şekli ve oranı hiç önemli değildir; bir elma olabilir, bir bardak su olabilir. Bir ağacın altında serinleneceğin gölgelik olabilir, bir sıcak odada yaslanman olabilir. Gece uykusu olur, dost muhabbeti olur, görmekle, dinlemekle, tutmakla, yürümekle zevklenmek olabilir. Bunlar nimetlerin ta kendileridir ve hepsi senin içindir.

Sen ki, Arş'ın gölgesine talipsin, dünyayı Arş'ın gölgesine yürüyüş için güzergâh olarak görüyorsun, bunlar senin yol azığın, heyecan kaynağın, mola zevklerin olsun.

Teknoloji desenindir. O da Rabbinin bir nimetidir. Onu kimin icat ettiğine bakmadan önce, icat etti zannedileni kim yarattı ona bak. Bir de şunu gör muhakkak: Sana, o teknoloji ile yaşama, şu veya bu cihazı kullanma kabiliyeti sağlayan sıhhatini kim verdi? Kimin yarattığı gözle görüyorsun, parmaklarının ucundaki hassasiyeti kim takdir edip yarattı?

Bu iki şeyi düşün, ondan sonra da teknolojiyi kimin icat ettiğine bak.

Sen, ey Arş'ın gölgesine doğru yürümek için çırpınan genç!

Artık şu gerçeği de anla ve gereğini yap:

Yoktur Allah'ın yarattıkları arasında dikensiz bir gül. Allah neyi nimet olarak yaratmış ve ihsan etmişse muhakkak ona bir diken de yaratmıştır.

Neden bilir misin?

Çünkü bu uçsuz bucaksız sanılan dünya bir kere uçlu ve bucaklıdır, fanidir, elemlidir, zevki ile kederi iç içedir. Güldürürken ağlatır, yaşatırken öldürür, yedirdiğinin posası, içirdiğinin idrarı olur. Sevgisinin derdi olur, vefasının sınırı olur, muhabbetinin hıyaneti olur. Burası dünyadır. Dikeni gülü ile yaratılır, gündüzünü gecesi kovalar.

Çünkü burası, Arş'ın gölgesine komşu bir diyar değildir. Ebedîlik karakteri olmaz buraların. Gelip geçilmiş yerlerdir yaşadığımız yerler. Bizden öncekilerin hasreti ile, gözyaşları ile yoğrulmuş yerlerde yaşıyoruz.

Kulları bunu bilsin, tanıyıp iyi anlasın, asıl diyarı unutmasın diye böyle yarattı Allah buraları. Bunun için yoktur dikensiz gülleri, samansız buğdayları, çöpsüz elmaları, hıyanetsiz muhabbetleri, üşütmeyen mevsimleri, solmayan çiçekleri...

Buraların gülleri kadar dikenleri de doğaldır.

Allah'ın nimet kanununu iyi bil:

Veren O'dur.

Kime vereceğini de O bilir ve takdir eder.

Asla hesapsız vermez; bir hesabı vardır.

Sonra muhakkak soracak nimetlerinin hesabını. Koklanan gülleri de, kullanılan teknolojileri de.

Neyin nerede kullanıldığını sormaz mı hiç; çöpe atılan ekmeği sorar da, uçsuz bucaksız frekans dalgalarına atılan beyinleri, internet çöplüğüne atılıp giden vakitleri sormaz mı?

Anlayan anlar bunu.

Sen de anlamak zorundasın. Gülün dikenini gör, çiçeğin soluşunu izle, muhabbetlerin nasıl kesiliverdiğini anla.

Adına kanma, reklamına aldanma; teknoloji de budur, böyledir.

O da nimettir. O da Rabbimizin ihsanındandır. Bize rahmet ettiği için, işimizi kolay kılmayı murat ettiği için bize bunları ihsan etti. Ama bütün güller gibi, temel gıdamız buğday gibi, kural teknoloji için de geçerlidir:

Muhakkak imtihandır,

Muhakkak dikeni vardır,

Muhakkak hesabı vardır.

Gülü koklarken dikeni sana batmasın ey genç!

Ölçülü ol, dikkatli ol. Teknolojin olsun, onu kullan ama o seni kullanmasın sakın.

Ramazan'a Git

Arş'ın gölgesine talip olduktan sonra ağaç gölgesinde uyuklayamazsın. Büyük insan olmak, büyük gayelerle yaşamaktır. Büyük gayelerle yaşayan da büyük düşünür, büyüğü düşünür. Büyük düşünmenin en belirgin farkı, sıradanlaşamamaktır. Kitlelere takılıp kalmamak büyük olmaktır. Mü'min 'herkes' değildir ki, herkes gibi olsun. Mü'min farklıdır; imanı onu farklı kılar, tek kalmaya, örneksiz ve eşsiz olmaya götürür. İnsanlar ne yaparsa yapsın o, insan olmanın onurunu yerleştirir zihnine. İnsan olmanın gereği olan kulluğu canlı tutar. Sürünmez, süründürmez.

Dininde de dünyalığında da böyledir mü'min insan. İbadetlerinden biri olan namazında huşu sahibi olduğu gibi, yürüdüğü caddede de huşu ile yürür. Seccadeye bakan gözü ile kaldırıma bakan gözü beyninde aynı şeyleri yansıtır. Secde ederken de seyrederken de mü'min olarak yaşar, iman kalitesinden asla taviz vermez.

Günübirlik olmak ilk tavizdir. İkinci taviz de güne göre yaşamaktır.

Bütün insanlar gününü gün etseler de Arş'ın gölgesine yürüyecek genç ebedîlik ölçülerini bozmaz.

İnsanların şenlik ayına çevirdikleri Ramazan'a bakan gözü bunları görür. Bu nedenle de, o gencin sözlüğünde 'Ramazan geldi!' olmaz. Onun için Ramazan ayı gelmez, o Ramazan ayına gider. 'Ramazan ayı geldi' diyenlerin seviyesi ile 'Ramazan ayına gitmeye' azmedenlerin seviyesi de Ramazan bittikten sonra belli olur. Birileri, gelen misafir gidince evini toparlayan bir kadın gibi olurken o, gittiği Ramazan'dan aldıkları ile bir ömür yaşar. Ramazan ona, yürüyeceği Arş'ın gölgesi yollarında yetecek enerji verir.

Çevresinin yaygınlaştırdığı 'Ramazan geldi, hoş geldi' naralarını hayâ edilecek boş sözler olarak görür. 'Benim gitmediğim Ramazan neden bana gelsin?' diye düşünür. Bu bir farktır; kitlelerin sürünüşü içinde sürünenle dik durup yürüyen arasındaki farktır bu. İşin hakikatini anlayanın bakışıdır bu.

Ramazan'a böyle bakanın orucu, teravihi, kıraati elbette o bakışa göre olacaktır. O, oruca niyetlendiğinde, kendisi oruç tutmadan önce oruç onu tutar. Elini, dilini, gözünü, ayaklarını tutar oruç. Ramazan'ı bekleyenle Ramazan'a gidenlerin arasındaki mesafe, orucu tutanla kendisini orucun tuttuğu mü'min mesafesi kadardır. Gerideki on bir ayı ıslah eden Ramazan böyle bir Ramazan'dır.

Ramazan'a gidenler, Ramazan ayında Kur'an ile dolup taşarlar. Okudukları onlara heyecan verir, kalıcı değerler katar. Kur'an törenlerinden uzak, gösterişten korunmuş kıraatleri olur. Konuşa konuşa, dinleye dinleye Kur'an okurlar. Rableri konuşur onlar dinler, onlar konuşunca da Rableri onları dinler.

Ramazan'ı ayağına bekleyenlerin teravihi, nafileleri, sadakaları köpük gibi gelir geçer. Kendilerini hazırlayıp muhteşem bir kararla yola çıkıp Ramazan'a gidenler ise nafile ibadetin lezzetini tadarlar. Teravih onlar için tam bir rahatlık olur. Nefes alırken, dilleri ile tesbihederken, elleri ile verirken kanatlandıklarını hissederler. Sağa doğru uzatsa elini, meleklerle musafaha edeceğini zannedecek duruma gelirler. Onlar için Ramazan da Ramazan ile gelenler de eşsiz güzellikler getirir. Dökülürler yollara, meleklerin yürüdüğü yollarda yol alırlar. Kendilerinden önceki, Allah dostlarının yürüdüğü yollarda nefes nefese bir yolculukla Ramazan'a kavuşanlar için hayatın anlamı gerçekleşir. İbadetin tadı damaklara değer. Vermenin üstünlüğü anlaşılır. Arş'ın gölgesi belirir ufuklarda. Bir umut dolar yüreklerine; coşar durur o yürekler. O coşku, gözyaşı olarak boşalır, tekbir, tesbih olarak yükselir. Sabır olarak yansır, sebat olarak belirir.

Herkes Ramazan'ı bekleyedursun... Sen ey Arş'ın gölgesinden önce dinlenmeyi kendisine yok sayan mübarek genç! Sen, asla Ramazan beklemeyesin. Ramazan gerçekten kıymetli ise gözünde, muhteşem ise, Kur'an inen ay ise, içinde Kadir gecesi varsa, biri bin ise, sevabı bol ve mağfireti yaygın ise, cennet kazandırıp cehennemden kurtarıyor ise, orucu muhteşem ve teravihi huzur ise sakın Ramazan'ı bekleme. Akıllı ol, aklını kullan; bunca güzellik sahibi gelir mi hiç kimsenin ayağına? Gelir mi? Sakın bekleme onu. Koş Ramazan'a, koş... Kıymetli ise, kurtarıcı ise sen koş ona. Bakma kitlelere; tebrikler, şenlikler, gösteriler, okumalar, doluşmalar seni çekmesin. Gerçek gelenle, gelenin dublörüne bak; ne kadar büyük farklar göreceksin. Ebu Bekir ile bizim aramızdaki fark gibi, Ebu Bekir'in gittiği Ramazan ile bize geldiğini zannettiğimiz Ramazan arasındaki farkı göreceksin...

Oturma genç yürekli adam, sakın oturup bekleye kalma!

Kalk ve yürü Ramazan'a doğru...

O gelmez, ona gidilir.

Ramazan ise o, kıymetlidir. Kıymetli ise gelir mi hiç ona gitmeyenlere?

Git Ramazan'a, bul onu, yeter sana ve seni umutla, hasretle bekleyenlere... Sen Ramazan'ı bulursan biz de seni buluruz. Bulunca buluşuruz o gölgede ey aziz genç, umut genç...

Su Gibidir Mü'min

Mü'min ve mü'minin yaptığı iş su gibidir. Suyun hayatın esası olması gibi, mü'min insan da Allah'ın insanı ve kâinatı var etmesinin sırrını idrak etmiş insandır. Mü'min insan su gibi azizdir, yaptığı işleri de azizdir. İmandan mahrum insan da köpük gibidir. Görüntüsü cazip olsa da o sadece köpüktür. Suda oluşur ama su gibi değildir. Geçici ve değersizdir. İmandan mahrum insan ve onun işleri değer taşımaz. Görkemli görüntü verse bile faninin faniliği ile eriyip gidecek işler yapar mü'min olmayan. Mü'min ise ebedî cennetlere taliptir, kendisini ebediyete layık gördüğü için yaptığı işlerinde de o kaliteyi oluşturur. Bunun için çalışır, böyle çalışır.

Mü'min insan, günlük hayatına dair iş yaparken de Rabbi için ibadet yaparken de böyle bir anlayışla yol alır. Köpük düzeyinde bir iş sahibi olmayı kendine uygun bulmaz. İbadette ibadetin gerektirdiği seviyeyi bulmaya çalışır. İnsanlarla ilişkisinde de insanlığın gerektirdiği seviyeyi bulmaya çalışır. Sıradan olmak istemez, sıradanlığa rızası olmaz. Çünkü sıradan biri olmak, sıradan bir iş yapmak köpük olmayı kabul etmektir. O ise su gibidir; hayattır, hayatın varlığı için zaruridir.

Mü'min hangi iş içinde ise o iş, onun elinde su gibi azizdir.

Mü'min, ibadetlerden birini mesela namazı eda ederken köpük gibi namaz kılmaz. Kıldığı namazı su gibidir. O namaz onun hayatı olur, ona güç katar. Oruç tutarken, haccederken, zekât verirken, Kur'an tilavet ederken, sılayırahim yaparken, zikrederken, okurken, yazarken su kıvamında olur. Bir kere iman standartlarına çıkmış olmanın tabii sonucudur bu durum.

Mü'min, evlenip ev ve aile sahibi olduğunda da, köpük işler yapmaz, öyle bir beklenti içinde olmaz. Bütün insanlar köpükleşse de o, su gibidir, azizdir, aziz olanı yapar. Evliliğini yeryüzü şartlarında ama gökyüzü düzeyinde gerçekleştirir. Üç günlük mutluluk bekleyerek köpük bir beklenti içinde olmaz. Ebedî bir saadet için adım atar, 'bir yastıkta kocamak' düzeyinden 'bir cennette olmak' düzeyine yükselir. Yüksek başlar, ulvî devam eder. Geçici değerlerle eriyip gitmez ki, su gibi aziz ve asıl olan olsun. Eşin eşe bakışı, birbirlerine tahammülü, karşılıklı beklentileri, temennileri ve tesellileri ya su gibi ya da köpük gibidir. İman sahibi insanın kimliği için en keskin sonuçların alınabileceği aile içi ilişkilerindeki su veya köpük düzeyi bu nedenle mü'mini ilgilendirir.

Çocuk yetiştiren mü'min de bu gözle bakar hayata. Doğurur, büyütür, eğitir ama köpük doldurmaz kabına. Sudan, su gibi olmaktan vazgeçmez. Bir kere iman sahibi olmanın gereği olarak buna inanır, böyle inanır.

Mü'minin sabrı da köpük sabır değildir. Geçici şeylerle avunmayanın köpük gibi sabrı olmaz elbette. Sabrı kimliğini yansıtacaktır onun. Gündüzünde, gecesinde, işinde, evinde su düzeyinde bir sabırla yaşar. İbadetinde o sabır vardır. İlişkilerinde o sabır vardır.

Mü'min, konuşurken seçtiği kelimelerinde de su kalitesindedir. Söz söylemenin, söz dinlemenin hatta tefekkürün bile suyu ve köpüğü olur. İnsan, kullandığı kelimelerden, dizdiği cümlelerden tanınabilir. Dilinden, beden hareketlerinden kimliği tanınacağına göre mü'min, köpük olarak kalacak kelimeler kullanamaz. Köpük düzeyinde tavırlar göstermez.

Mü'min seyahat eder, dinlenir, muhabbet eder, neşelenir, neşelendirir; bunları Allah'ın kendisine ihsanı olarak görür. İster camide olsun isterse çay bahçesinde olsun; mü'min kimliği ile bulunduğu sürece mü'min, Rabbinin nazarında ve insanların gözünde köpük gibi işlerle bilinmez.

İman bir tavırdır. Aynı zamanda da bir seviyedir. Yön göstergesidir. Kimlik bilgisidir.

İman bir şahsiyettir. Bu şahsiyet hiçbir zaman köpük gibi bir şahsiyet değildir. Çalkalandıkça kabaran köpük gibi olmak başka şey, ezelden su gibi olmak, hayatın özü ve idamesi olmak başka şeydir. Bir tercih yapılacaksa, mü'min insanın tercihi su gibi olmaktan yanadır.

'Çocuk İmanı' Olur mu?

Çocuk ayakkabısı olur, çocuk ansiklopedisi olur... Büyük ile küçük arasındaki farkı dikkate alarak, çocuğun fiziki yapısına göre ayarlanmış bir şeyi 'çocuk için, çocuğa göre' şeklinde tarif edebiliriz. Bu da normal olandır. İslam'ın ve imanın çocuğa göre olanı ise yoktur. İman bir bütündür, o bütünü birilerinin fiziki yapısına göre yeni bir şekle sokmak mümkün değildir. Böyle bir uygulama olmamıştır. Bilhassa imanın en mükemmel örneklerinin yaşandığı ve Allah'ın mümin kullarından razı olduğu dönemde bu yoktur. Altmış yaşında iman edenlerin iman ettiği değerler, altı yaşındakilerin önüne konmuştur. Onlar da büyükler gibi iman etmişlerdir.

Küçüklerin anlamaları zor olabilecek şeylerin iman konusu dışında bırakıldığı bir örnek yoktur. 'Çocuğa göre iman' listesi asla yoktur.

UNUTMAYASIN

İbrahim aleyhisselam gençti.

Çocuğa göre iman listesi olmadığı gibi, çocuğun isim olarak ezberlemesi istenmiş ama pratiğe gelince 'o henüz çocuktur, büyüyünce anlamını anlar' şeklinde bir esneklik de gösterilmemiştir. Namazın, orucun ve diğer ibadetlerin tatbikinde belli bir oranda çocuk için gerekli ve uygun bulunmuş esneklikten söz edilebilir ama iman konularında asla bir esneklik örneği yoktur. Allah'a, meleklerine, peygamberlere, kitaplara, ahirete ve kadere iman etmesi istenen çocuklar, büyüklerin iman ettiği gibi iman etmişlerdir. Büyükler meleklerden ne anladı iseler çocuklar da onu anlamışlardır. Büyüklerin kadere bakışları nasılsa bize göre küçücük çocukların kader idraki de o olmuştur.

İnsanı, Allah'ın razı olacağı şekle sokan iman hakikati üzerindeki bu gerçeği bizzat Resûlullah sallallahu aleyhi ve sellemin sözleri ve uygulamaları üzerinde görmemiz mümkündür. Tirmizî ve Ahmed'in rivayet ettiği meşhur hadiste henüz on yaşlarına yeni basmakta olan İbni Abbas radıyallahu anhümaya yaptığı öğüdünde bu hakikati izleyebiliriz: 'Yavrum, sana bazı sözler öğreteyim. Allah'ı koru ki O da seni korusun. Allah'ı korursan O'nu yanında bulursun. İstediğinde Allah'tan iste. Yardım isteyeceğinde de Allah'tan yardım iste. Şunu bil ki: Bütün ümmet, sana bir fayda vermek için birleşecek olsa, Allah'ın yazdığından başkasını sana veremezler. Yine bütün ümmet sana bir zarar için birleşecek olsa Allah'ın yazdığından başka zararı sana veremezler. Kalem kaldırılmış, yazı kurumuştur.' (Tirmizî, 2516)

Bu hadis incelendiğinde, bu denli ağır öğütlerin henüz on yaşlarında bir çocuğa hitaben yapıldığı görülecektir. Bize göre büyüklerin anlayabileceği şeyler, Peygamber aleyhisselamın idrakinde çocuğun yetiştirilmesi gereken temel konu olarak görülmüştür. Bu idrak düzeyinde çocuk yetiştirilmesi ile en temel konulardan, küçük olması nedeniyle uzak tutularak çocuk yetiştirilmesi arasında, daha sonra o çocuğun imanına göre adam olması açısından çok önemli farklılıklar olacaktır. Peygamber aleyhisselamın bu idrak ile yetiştirdiği yani en ağır iman konularını küçük yaşta aşı olarak verdiği çocuklar, onun eliyle on yedi yaşında en üstün görevlere layık görülmüşlerdir. Siyasetten ilme kadar onların her alanda yaşlarına değil kabiliyetlerine bakılmıştır. Sahabe çocuğu olmalarından önce imanlarının onlara kazandırdığı kimlikleri ile öne çıkmışlardır.

Üsame radıyallahuanh, on yedi yaşında, yaşlıların da bulunduğu bir ordunun başında -ki, bu orduyu İslam'ın son ordusu olarak takdim etmemizde hiçbir hata yoktur- Resûlullah sallallahu aleyhi ve sellemi ve imanını temsil etme kabiliyeti göstermiştir. Ya da bu düzeyde bir büyüklüğe uygun bulunmuştur. Aynı şeyi, yirmili yaşlarına yeni giren Zeyd radıyallahuanhın, Kur'an'ı cem edecek komisyonun başına getirildiğinde de izlememiz mümkündür.

İman bir aşıdır. Bu aşıyı çocuğa göre küçültüp daha sonra o küçük aşılı çocuktan büyük adam beklemenin gerçekçilik yanı yoktur. İlk nesillerin nesil yetiştirmedeki başarılarını örnek almaya mecbur olduğumuza göre bu önemli hakikati de önümüze koymalıyız. Yavrularımız; babalarının iman edip teslim olduğu melekler, kader, ahiret hakikatine iman etmelidirler. Sadece cennetin anlatıldığı, her şeyin pek şirin gösterildiği bir ahiret tarifi ile çocuklarımızın iman aşısı almaları ne kadar mümkündür, bunu önümüzdeki tablo her şeyden önce ortaya koymaktadır. Küçültülmüş aşıyla büyük adamlar bekleyemeyiz.

Pedagojinin çocuk eğitimi ile alakalı kurallarını da aşılamaz tabular şeklinde görmeyelim. İmanımızı çocuklarımıza aşılamaya geldiğinde önümüze kurulan barikatları büyük görmeyelim. Küçücük çocukların önüne büyüklerin bile kavramakta zorlanacakları bir teknoloji ve hayal dünyası kurup onu da kendilerine eğitim olarak verirken, çocuklara ağır geleceği düşünülmüyor da, fıtrata hitap eden iman hakikatlerimiz mi ağır görülüyor? Biz ağır işlerin adamları olacak çocuklar beklediğimize göre iman ilkelerimiz çocuklarımız için ağır değildir; beklentimizle uygulamamız arasındaki uyum bunu gerektirmektedir. Büyükler gibi iman etmiş büyük nesiller için imanın daraltılmaması gerekmektedir.

İki Ebubekir

Allah ondan razı olsun. Camilerimizin duvarlarına adı yazıldı. Adı, Peygamber aleyhisselam efendimizin adı ile anıldı. Vefanın, dostluğun, fedakârlığın simgesi oldu. Sevdi, sevgide zirvelere tırmandı. Sevdiği kadar da sevildi. Ne unutuldu ne de kıyamet sabahına kadar unutulacaktır...

İlk ve tek adam olarak insanlığın başına yerleşti. Peygamber aleyhisselamdan sonra bu ümmetin ilk ismi oldu. Adına eserler yazıldı, şiirler dizildi. Örnek oldu, örnek alındı. Onu Allah sevdi, Peygamber'i sevdi, bütün iman edenler sevdi.

İlk gününden son gününe kadar Resûlullah sallallahu aleyhi ve sellemin arkadaşı ve tesellisi oldu. Resûlullah sallallahu aleyhi ve sellem isteyince ve gerektiğinde mal verdi, evlat verdi, can verdi. Verdiklerini unuttu ama vermeyi hiç unutmadı. Adeta Allah Teâlâ, Muhammed aleyhisselamı son peygamberi olarak seçtiği gibi onu da son peygamberinin ilk dostu gibi seçmişti. O da bu se-

UNUTMAYASIN

İsmail aleyhisselam gençti hatta çocuktu.

çilmişliğinin hakkını verdi. Her günü, bir öncekinden daha verimli oldu. Vefa üstüne vefa, iyilik üstüne iyilik koydu. Ne usandı ne de yoruldu. Mü'min olarak yaşadığı yirmi beş yıllık dünya hayatını bir sevap makinesi gibi işletti. Ölçülemez biçilemez sevaplar biriktirip gitti Rabbine. Gündüzünü, gecesini, varını yoğunu, her şeyini en iyi şekilde değerlendirdi. Kimse yorulduğunu görmedi, usanma belirtisi göstermedi. Sabretti, direndi ve en yüksek makamları kazandı da öyle gitti...

Allah ondan razı olsun.

Onu konuşurken iki yönü ile konuşmadıkça anlaşılmış sayılmayacak bir şahsiyet sahibi olarak yaşadı. Onun birinci yönü, bütün arkadaşları gibi olan yönüdür. Herkes gibi o da namazını eda etti. En güzel namazları o kıldı. Cemaatten biri de oldu, o cemaate imam da oldu sonunda. Haccetti, hac önderi oldu. Zekât verenler arasında zekât verdi. Ramazan ayında oruç tuttu. Bedir gazvesine katıldı. Uhud gördü. Her mü'minin yaptığını yaptı. Allah'ı sevdiğini belgeleyen amellerle gün geçirdi. Mü'min kardeşlerine yakın durdu, onlarla ilgilendi. Kölelerini azat etti. Hastalarını ziyaret etti, ölenlerin cenazesine katıldı. İyilik edenlerden oldu. Sabrı emreden âyetler okunduğunda ilk itaat eden kişi olarak onun adı anıldı. Ne emretti ise Allah, o da ona uydu, uyulması için çalıştı.

Bu, Ebu Bekir'in birinci kimliğidir. Bu kimlik ona 'iyi Müslüman' olma vasfı kazandırdı. Herkesin yaptığını yaptı, en iyisini yaptı. Sevap kazandı, vasıf kazandı.

Allah ondan razı olsun. Ebu Bekir'in o eşsiz kimliğinde ortaya çıkan bir yön daha vardır. O yönü ile de Resûlullah sallallahu aleyhi ve sellemden sonra bu ümmetin ilk adamı olmayı hak etmiştir. Gönüllere kurduğu tahtını, siyasette, tarihte ve bu ümmetin bulunduğu her alanda pekiştirmiştir. Ebu Bekir'in ahiret için sevaba dönüşen amellerine göre bu amelleri, onun üzerinden ümmetinin kazancı durumunda olmuştur. Ebu Bekir yapmış ama Ümmet kazanmıştır. Ümmetten olup yaptığı ile ümmete kazandırmak olan bu yönü, onu herhangi bir sahabi olmaktan alıp eşsiz bir sahabi ve en yüksek derecedeki mü'min yapmıştır.

Resûlullah sallallahu aleyhi ve sellem ile beraber hicret ederken ve mağaradaki günlerinde o, birinci Ebu Bekir idi. Büyük sevaplar ve unvanlar kazandı o mağarada. Resûlullah sallallahu aleyhi ve sellem vefat ettiği o gün, gökleri hüzne boğan ölüm olayını duygusallıkla karşılayan Ömer'i bile karşısına alıp: "Kim Muhammed'e ibadet ediyordu ise bilsin ki Muhammed öldü. Kim de Allah'a ibadet ediyordu ise, Allah Hayy ve Kayyûm'dur" derken Ebu Bekir, ikinci kimliğini bize göstermiştir. Peşinde ilk günden son güne kadar dolaştığı sevgili dostu Peygamber aleyhisselamın davasını önde tutma anlayışı, diğer bir Ebu Bekir olma görüntüsüdür. Allah ondan razı olsun; o gün ağlaması en uygun görülecek olan o idi. Ama ağlamak yerine ümmetin geleceğini düşündü. Çeyrek asırlık ahengi bir kenara bıraktı ve ümmetin geleceği endişesi ile Halifeliği ayağa kaldırdı. Peygamber aleyhisselamın arkasından matem tutma yerine, onun ardından davasını sürdürmeyi yeğledi. Üsame'nin ordusunu cepheye sürdü. Kur'an'ı bir araya getirdi. Zekâtın gevşemesine karşı kıyam etti. Sünnet'i canlı tuttu. Muhammed öldü ama davasının ölmesine izin vermedi.

Ebu Bekir, bu yönü ile ümmetinin adamı olarak sabitleşti. Allah ondan razı olsun. Büyük düşündü, büyük işler yaptı. Kendisi için yaşamadı. Ümmet için uykusuz kaldı. Hatıralarla zaman geçirmedi, bitmez tükenmez hatıralar bıraktı. Sürülecek izlerin sahibi olarak Rabbine gitti.

O büyük örnek sahibinden Allah razı olsun. Hatırası anıldığında 'İşte Müslüman!' denmeyi kıyamete kadar onun gibi hak eden elbette hiçkimse olmayacaktır.

Ne Günlerdi!

Allah'a isyan edenlerin suda boğulduğu ve mü'minlerin Nûh aleyhisselamın gemisinde kurtulduğu günlere bakarak 'ne günlerdi o günler' denebilir. İman adına kazanılmış bir zafer ya da Allah'ın iman edenleri kurtarması, binlerce yıl sonra bile mutluluk verir elbette. O gün iman edenlerle bu gün iman edenler aynı imanı paylaştıklarına göre sevinmemek, o günü huzur kaynağı bilmemek ne mümkün!

Kendisini ilah yerine koyan ve sayılı zalimlerden biri olan Firavun boğulurken de iman kazanmış, küfür ve isyan kaybetmişti. İnsanlardan iman edenler suyu yol yaparken, küfredenler de suyun dibine batmışlardı. Bu da sevinilecek ve zafer olarak hatırlanacak bir gündür şüphesiz. Gerçekten 'ne gündü o gün!'

Bir de hicrete zorlandıkları bir şehrin sakinleri olan düşmanları ile karşılaştıkları Bedir gününde mü'minlerin kazandığı zafer, şirkin başının ezildiği o gün ne büyüktü. Meleklerin saf saf mü'minleri desteklemek için

UNUTMAYASIN!

Yusuf aleyhisselam gençti.

savaşa katılmaları, adeta yerle göklerin birleşmesi gibi bir şeydi. Kendilerini hicrete mecbur edenleri mağlup etmeleri, o günkü mü'minler için de muhteşem bir zaferdi, bugün ve kıyamete kadarki bütün mü'minler için de. Asırlar sonrasından Bedir'e bakıldığında, o gün için 'ne günlerdi!' dememek mümkün değildir.

Konstantiniya'ya fetih işareti veren Resûlullah sallallahu aleyhi ve selemin bu işaretini asırlar sonra hedef durumuna getiren ve büyük bir fetih gerçekleştiren Sultan Mehmed de asırların asla unutturamayacağı bir başarı sağlamıştı. Sevindi ve sevindirdi fethi ile. Asırların beklentisini gerçek hâle getirdi. O gün de küfür bir kere daha çökmüştü. İman bir kere daha yücelmişti. Göklerde melekleri, yerde mü'minleri ve kabr-i şerifinde de Peygamber aleyhisselamı sevindirmişti Sultan Mehmed. Hiç şüphesiz, sevinilecek bir durumdu bu. O zaman da şimdi de sevindiren ve yarın da sevindirecek olan o fetih günü ne gündü, Fatih ne Fatih idi!

Rahlesini bir ilim okyanusuna çeviren Ebu Hanife ve talebeleri de, anıldıkça hürmetle yâd edilecek işler yapmışlardı. Ne günlerdi onların ders okuttuğu günler... Ne bereketliydi onların dilinden dökülen sözler ve ellerinden sızan mürekkep! Övünmek için her imana yetecek kadar büyük bir şeref bıraktılar da öyle gittiler. Onlar da yaşadıkları günleri de ne muhteşemdi, ne muazzam izler bıraktılar!

Zühdü ile adeta çağ açıp çağ kapatan Ömer bin Abdülaziz unutulur mu hiç? O da, onun günü de bir başka idi doğrusu. Bir kişilik bir ümmet gibi yaşadı, yaşadığı başkalarına da hayat membaı oldu. Övünülecek bir insan olarak yazıldı adı. Her iman eden için 'bizim' diye sahiplenilebilecek kimliği oldu. Muhteşemdi, muhteşem işler yapmıştı. Dua etti, dualar aldı.

Fudayllar, Basrîler, Abdülkadir Ceylanîler ve onlar gibi

fırtına zamanında dimdik durabilen örnek mü'minler de ne güzel günlerde yaşadılar, ne güzel mü'min olarak yaşayıp gittiler. Allah hepsinden razı olsun. Kendileri kazandılar, bize de övünülecek bir miras bırakıp gittiler.

Onların izleri mübarek, işleri bereketli, günleri de ne günlerdi gerçekten. Bu doğrudur. Doğru olmayan ise bizim, onların günlerine takılıp kalmamız ve günlerimizi onların günleri gibi yapamayışımızdır. Onların günlerinin bize örnek olması dışında bizi ilgilendiren bir yanı olmamalıydı. Bizim yaşadığımız günler, amellerimiz, bıraktığımız izimiz, bizden sonraki nesiller tarafından 'ne günlerdi' diye anılabilecek mübarek düzeyde olmadıktan sonra bizim onlarla övünmemiz bir anlam taşımayacaktır. Onların günleri ne ile mübarek oldu ise bizim günlerimiz de onunla övünülür hâle getirilmelidir, bu da bizim işimizdir.

Nûh aleyhisselamın gemisi, bugün de gerekiyor. O zamanın tufanını aratmayacak bir azap bugün de gelebilir. İsyan o isyandır, belki de fazlası bile olmuştur.

Musa aleyhisselamın firavunu boğulup gitti ise bugün dünya yine firavunlarla doldu. O ilahlığını ilan etti ise bugün aynı iddiada bulunanların sayısı sayılamayacak kadar çok oldu. Şimdi artık denizlerde yürüyecek kişilerin zamanıdır. Sonraki nesiller de 'ne günlerdi' derken, bu zamanda denizleri kendine yol yapanları anıyor olmalıdırlar.

Miras tüketmek yerine miras bırakacak işler yapmak gerekiyor. Zaman övünme zamanı değil, övünülecek iş yapma zamanıdır. Arkasına bakarken önünü göremeyenler yol alamayacaklardır.

Mücahit

Cihat, Allah için, Allah'ın dinini ve sözünü en üstün yapmak için çalışmaktır. Ordularla yapıldığında da, bal damlatan dillerle yapıldığında da cihat cihattır. Vadilerdeki de cihattır salonlardaki de. Allah'ın dini en üstün olduktan sonra, hüküm Allah'ın hükmü olarak uygulandıktan sonra bu sonuca götüren her iş cihattır. Bunu gerçekleştiren de mücahittir.

Bedir'dekiler mücahittiler, Uhud'dakiler mücahittiler, Hendek'tekiler mücahittiler. Cihadı en güzeli ile yaptılar, en üst makamdan yaptıklarına onay aldılar. Allah onlardan razı olsun. Yaptıkları iş, küfrün belini büktü, imanı yükseltti. Allah'ın adı en yüce oldu onların yaptığı ile. Yesrib'e gidip orada henüz yeni inmekte olan Kur'an'ı kalplere nakşeden Mus'ab da mücahitti. En üstün cihadı en güzel şekilde yaptı. Kur'an'ı, damar damar kalplere yerleştirdi. Yesrib, cahiliyenin yaşandığı bir köy iken, imanın devletleştiği bir nurlu medeniyet merkezine dönüştü.

UNUTMAYASIN!

Musa aleyhisselam gençti.

Mü'min, Allah'ı zikretmek ve zikredilmesi için gayret etmekle yükümlüdür. Bütün mü'minler bu yükümlülük altında bulunmaktadırlar. Herkes, taşıdığı bu sorumluluğunun gereği olarak gayret ettiği kadar değerli olacaktır. Kur'an'ın okunan her âyeti, tatbik edilen her emri Allah'ın adının yücelmesidir. Peygamber aleyhisselamın uygulanan her hadisi, onu gönderen Allah'ın adının yücelmesidir. Kur'an okuyan da onun hükümlerinden birini tatbik eden de, Allah'ın adını yücelttiği için mücahittir. Namaz emri uygulanırken namaz cihadı, ilimle meşgul olunurken de ilim cihadı yapılmış olmaktadır. Haramların yayılmasına karşı direnen, helalleri diri tutan da en iyi işi yapan durumundadır. Helaller yayılıp güçlendikçe, onları helal eden Allah'ın adı yücelecektir. İşlenen her haram da üstü örtülmüş bir helaldir.

Namaz vakti namazın, Ramazan'da orucun, Zilhicce ayında haccın 'o anın işi' olduğu gibi, yaşanan zaman hangi ihtiyacı öne çıkarıyorsa cihat onu yapmaktır. Mücahit de kendisinden bekleneni, beklenen zamanda yapandır. Sabah namazı vaktinde namaza durmak, Allah'ın adının yüceltilmesi olarak yapılacak en önemli görevdir. Sabah ezanına icabet eden de, Allah yolunda yapılacak en önemli işi yapan biri olarak o anın mücahidi olmuştur. Cehalete karşı Kur'an ilmi ile donanan da o pencereden bakıldığında göze çarpan mücahittir. İnsan nerede nefes alıyorsa o nefesin, Allah için alınıp verilmesidir mü'minden beklenen. Hem kendi nefeslerini hem de alınıp verilen bütün nefesleri bu süzgeçten geçirmek gayedir.

Liberalizmin içlere sindirildiği bir zamanda kendisini dini ile mukayyet gören ve hürriyeti Rabbine kulluk olarak anlayan mü'min genç, zamanın en yiğit mücahididir. Allah korkusunu her an hisseden, haramlardan kaçınmaya muvaffak olan, kimsenin görmediği yerde kendisini Allah'ın gördüğünü görebilen genç kadın ve erkek, şeytan ordularının karşısında yıkılmayan bir mücahittir elbette.

İffetin muhafazası, ahlâkın aktif tutulması, faziletlerin yayılması Allah'ın emirlerindendir. Allah'ın emirlerinin yerine getirilmesi ve yasaklarının da yok edilmesi ise Allah'ın adının yüce tutulması, dininin son söz olmasıdır. Ebu Cehil'in orduları karşısında ya da bir ekran karşısında, nerede olursa olsun din adına ve dine göre yapılan her iş, söylenen her söz, dinlenen her konuşma neticede cihat havuzuna toplanacaktır.

Zaman internet zamanı ise cihat da internetle yapılacaktır. Onun ağlarına takılmayan, onu helalde kullanan, helale hizmet ettiren, zamanının cihadını yapmıştır, mücahittir.

Zaman paranın ilahlaştırıldığı bir zaman ise imtihanlar da onunla yapılacak demektir. Şeytan odur, nefis odur. Sabır ondan izlenecektir, zühd onda olacaktır. Takvanın işareti onunla belli olacaktır. İnsanlar parayı hayat yaptı iseler, mü'min de Rabbine giden yolların ondan geçeceğini anlamış olmalıdır: Mücahit, para kazanan, kazandığını harcayan ama parasına esir olmayandır.

Mücahit, gözün kirletildiği yerde gözünü koruyan, kulağa çirkinliğin doldurulduğu yerde kulağını koruyan, dilini tutup haktan başkasını konuşmayandır. Eli temiz olan, ayağı düz basan mücahittir. Çünkü cihat, kulluğun hakkını vermektir. Ne zaman hangi hak gerekiyorsa onu yaparak cihat icra edilmiş olacaktır.

Endişeye Gerek Yok

İnsan olarak nefes aldığımız her yerde bir sıkıntının bizi daima karşıladığını hissedebiliriz. Neyin peşinde isek onun varlığı da yokluğu da bir sıkıntı olmaktadır. Adeta hayatın kendisi de varlığı da yokluğu da endişe konusu olarak hissedilebilmektedir. Nimetler, sahip olunan değerler, endişe kaynağımız olarak önümüzde durmaktadır. İnsan olarak en çok özen gösterdiğimiz bizden üreyen çocuklarımız ve bizim kendilerinden neşet ettiğimiz asıllarımız dahi bizim için endişe nedeni olabilmektedir.

Esasen endişe edecek bir durum da yoktur. Endişe, plansız ve sahipsizliğin sonucu olarak hissedilen bir durumdur. Bizim ise ne plansız bir zeminde bulunma ne de sahipsizlik gibi bir durumumuz vardır. Sahibimiz Allah'tır, bulunduğumuz yer ve hâlin planı da O'na aittir. O'nun mülkünde, O'nun kulları olarak bulunuyoruz. Bizi kendi hâlimize bırakmasının mümkün olmayacağını kitabında bize bildirmişti.

Bizi yolumuzdan alıkoymaya çalışan şeytandan, etrafımızı kuşatan bütün sıkıntılara kadar her şey Allah'ın planının sonucudur. Ne itilmiş ne de unutulmuşuz. Rızkımız gibi, gündemimiz de kaderimizin gereğidir. Bizim için yazılmış olanı yaşıyoruz. Kazanacaklar ve kaybedecekler listesini belirlemek için bizi bu meydanlara gönderen Rabbimizin her yaptığı bir hikmet gereğidir. O'nun takdiri en güzel, en mükemmeldir. İman edip rahat edenler ya da iman nimetinden mahrum olup kederden kedere yürüyenler olacaktır. Asıl huzur ve rahatlık, teslim olup kurtulmaktadır. Bu teslimiyet, koşarken terini silip bir yandan da yükselen nabızla gösterilen bir teslimiyettir.

UNUTMAYASIN!

Yusuf aleyhisselam sınandı da Yusuf oldu sonunda; kendini onun yerine koy.

Kardeş tuzağı gördü.

Kuyuda esir kaldı.

Köle olarak satıldı, çalıştırıldı.

Sahibimiz Allah iken endişeye nasıl yer açabiliriz? Rızkımızın kefili, kaderimizin yazanı olan Rabbimize teslimiyetimiz bizim rengimizdir. Kaderimizi yastığımız bilip başımızı ona yaslayınca huzur dolmalıyız. Sahibimiz olarak da Allah'ı bilip itimadımızı O'na yaslamalıyız ki imanımız, bir iddia olmanın ötesine gidebilsin. Bunun adı yeri gelir sabır olur, yeri gelir gayret olur, yeri de gelir terlemek, yorulmak olur. Adı ne olursa olsun insan olmak, kulluk şuuru taşımak budur. Etrafımızı kuşatan, gündüz veya gece bizi bırakmayan sıkıntılara gömülüp gidemeyiz. Dertlere gömülmek de bir dert olur ve bizi yolumuzdan alıkoyabilir. Kalbi Allah'a yönelmiş bir mü'minin hayatı, huzurun ve endişesiz yaşamanın adıdır.

Sıkıntılarımız gerçektir. Sıkıntılara gömülüp kahrolmamız, mü'min insan olmamızın gereği değildir. Allah'ın razı olduğu nesil olan ashab-ı kiram, fakirlik başta olmak üzere sıkıntı olarak insanın görebileceği pek çok şeyi gördüler. Aç kaldılar, açık kaldılar. Dost olması gerekenlerin eziyetlerini çektiler. Topraklarını terk etmeye mecbur oldular. Hastalığın çökerttikleri oldu. Aile içi hüzün nedenlerini önlerinde buldular. Bir insan bu hayatta ne ile karşılaşabilecekse, onunla öyle veya böyle karşılaştılar. Bu, Allah'ın kendilerinden razı olduğu o neslin gerçeğidir. Bir başka gerçek de şudur: Karşılaştıkları her sıkıntı hatta işledikleri hatalar, onları biraz daha Rablerine yaklaştırdı. Kırdıkları çömlek bile onların cennette yükseldikleri bir derece olarak hanelerine yazıldı. Nihayetinde kulluk da budur.

Rabbimiz bize, güllük gülistanlık bir hayat vaat etmemiştir. Cennetten çıkarılıp gönderilmenin en tabii sonucu, cennet olmayan ve olamayacak olan bir hayatta yaşamaktır. Dünya cennet olamayacak ama cenneti kazandırabilecek bir yerdir. Rabbimizin çizdiği kader budur. Kazananlar, dünya hayatını cennete açılan bir yol yapabilenler olacaktır.

Dertleri saymak da bir derttir. 'Rabbim Allah'tır' diyen endişe edemez. Fakirlik onu ezemez. Hastalık onu eritemez. Fakir de olsa hasta da olsa, cennet gözünün önünde durdukça, gayesi Allah'ın rızası oldukça huzurludur o. Kitabımız Kur'an'ın önümüze koyduğu mübarek örnekler olan Eyyüb, Nûh, İbrahim, Lût bunun örnekleri olarak önümüzdedirler. Allah'ın selamı onlara olsun. Hiçbiri, beğenecekleri şartlarda yaşamadılar. Çileden bile zevk alacakları şartlar, onların Rablerini razı ettikleri şartlar oldu. Onlar, bizim örneklerimizdir. Şartları, renkleri, kalıpları değişmiş olsa da onların yaşadıklarını yaşayacağımız bir dünyadayız. Onların yaşadıkları dünyada onların imtihanına benzer bir imtihandayız zaten.

Endişeye gerek yok, Rabbimiz Allah'tır. O, bize yeter; ne güzel bir vekil ne güzel bir yardımcıdır O. Bir hissedebilsek bunu!

İnsan ve Cin Şeytanlar

En'am suresinin 112. âyetinde Allah Teâlâ, bugün dikkat etmemiz gereken bir noktayı bize bildirmektedir. Bu nokta, batılın planlama ve uygulama çapında bir cin ve şeytan koalisyonu içinde olduğunu haber vermektedir. Âyet şöyledir: *'İşte böylece biz her Peygambere insan ve cin şeytanlarını düşman kıldık. Bunlar aldatmak için birbirlerine yaldızlı laflar fısıldarlar. Rabbin dileseydi bunu yapamazlardı.'*

Âyet, açık bir üslupla şunları tekit etmektedir:

a) Her peygamberin düşmanları olmuştur. Peygamberler boş bir alanda ve düşmansız bir meydanda vazife icra etmemişlerdir.

b) Peygamberlerin karşısına konan bu düşmanlar, bizim şeytan olarak bildiğimiz meşhur düşman ve onun nesli olan cinlerden olduğu kadar insanlardan da müteşekkildir. Peygamberlerin karşısına çıkan bu cinlerin ve insanların ortak vasfı şeytanlıktır. Düşmanlık yapmada da beraberlik içinde olmuşlardır. Bu da, şeytanın insanlaşması ya da insanın da şeytanlaşması gibi bir sonuç getirmektedir. Netice olarak da bu iki kitle, yani şeytanlaşmış insanlar ve şeytansı cinler topluca aynı düşmanlığı yapmışlar ve birbirleri ile yardımlaşma içinde olmuşlardır.

c) Bu hakikat, kesinlikle Allah'ın dilemesi ve yaratması ile gerçekleşmiştir. Allah dilemeseydi böyle olmazdı elbette.

d) Mü'minler, peygamberlerin yolunun yolcusu olduklarına göre, onların davalarına dair yöntem ve sonuçlar, mü'minler için de geçerli olacaktır. Bütün mü'minler kıyamete kadar, şeytanlaşmış insanlarla koalisyon yapıp İslam'a saldıran bir kitle ile mücadele etmek zorundadırlar. Davanın özü budur. Bu özü idrak edemeyenlerin, olayların ağırlığı altında eriyip gitmeleri, umutsuz kalmaları mukadderdir.

UNUTMAYASIN!

Yusuf aleyhisselam çile üstüne çile ile Yusuf oldu; kendini onun yerine koy.

Anne babasından uzak kaldı, küçük yaşta gurbet gördü.

Genç yaşta kadın tuzağına muhatap oldu. Bin bir hile ile Züleyha onu esir almak istedi. O ise zindanı onun çekiciliğine tercih etti.

Mü'min insan, bütün türevleri ile şeytanların bir cephe olduğu ve batılı üstün tutmak için çırpındıkları bir ortamda, onların gücü ve kalabalıklığı ne olursa olsun Allah'ın hükmü ve kaderi karşısında bir hiç durumunda olduklarına inanır. Buna böyle inanmak, peygamberlerin davasını gütmek ve onların peşinden gidiyor olmaktır. Allah Teâlâ, şeytanın mü'minler üzerinde bir korku gücü oluşturmayı isteyeceğini ama mü'minlerin Allah'tan başkasından korkmamaları gerektiğini bize bildirmiştir: *'Bakın, bu şeytan ancak kendi yandaşlarını korkutur. Mü'min iseniz onlardan korkmayın, benden korkun.'* (Al-i İmran, 175)

Mü'min, batılın etkin olmak için oluşturacağı korku ortamından etkilenmemeli, Allah'ın kudretinin kendisi için yeteceğine iman etmelidir. Zira onların bütün çalışmaları '*Rabbin dileseydi bunu yapamazlardı.*' çerçevesini aşamayacak çaptadır.

Neden?

Bir mü'min, Allah'ın yaptığını bildiği bir iş için 'Neden?' diye başlayan bir soru soramaz. Şüphe etme anlamında soramayacağı gibi iyi bir imanın getirmiş olacağı edep dairesinin içinde kaldıkça da soramaz. Mü'min için böyle meselelerde son cümle şu olur: 'Şüphe yok ki, ben sizin bilmediklerinizi bilirim.' (Bakara, 30)

Allah'ın bilmesi, O'na iman edenler için yeterli ve huzur vericidir. Peygamberler başta olmak üzere, onların izini süren bütün nesillerin insan ve cinlerden oluşan bir düşman güruhu ile karşı karşıya bırakılmasının bir mantığı vardır şüphesiz. Bu mantık olsun veya olmasın mü'min için irdelenecek bir durum yoktur. Allah'ın yaptığında hikmet görmek, gaybı bilir gibi yaşamak mü'min farkıdır.

Buna rağmen, çevremizde gelişen olayları anlamamıza ve olayların akıbetlerinin ahiretimize zarar vermeyecek şekilde sonlanmasına katkısı olacak hakikatler de önümüzdedir. Her şeyden önce hakkın ortaya çıkması, batılın varlığı ile mümkündür. Eşya zıddı ile kaimdir. Beyaza beyaz denmesi siyahın varlığından ötürüdür. Bu önemli hakikatin idrak edilmesi pek çok olayın, mü'min insanın zihninde aydınlanması demektir.

Gözlüğümüzü ve gözlük numaralarımızı ayarlayabilsek anlayacağız ki çok berrak bir zeminde çok kesin sonuçlara doğru yol alıyoruz. Rabbimiz kimseyi ortada bırakmıyor, asla meçhul bir akıbete davet etmiyor. Her şey gözlükte ve gözlük ayarında gizli.

İlim Tuzağı

Allah'a iman ile ilim arasında ya da mü'min insan ile ilim arasında ne denli güçlü bir bağ bulunduğu, tartışılmayacak kadar açık bir hakikattir. Neredeyse ilim imandır, ilim İslam'dır diyebileceğimiz bir düzeyde güçlü bir bağın varlığını söyleyebiliriz. Allah'a ulaşan yollar, cennete açılan kapılar ilimle donanmıştır. Bu nedenle de ilim sahipleri Kur'an düzeyinde övülmüşler, onların Allah'a yakınlıklarının daha güçlü olacağı tekit edilmiştir. Bilhassa Resûlullah sallallahu aleyhi ve sellemin hadis-i şeriflerinde ilmin ve âlimin yeri, imrenilecek ve taklit için mücadele edilecek seviyelere yükseltilmiştir.

İlme ve âlime verilen bu değer, ilmin cennet yolunda sorunsuz bir hat olmasını gerektirmemektedir. İlmin ve âlimin onca yüksek değerine rağmen, ilim de şeytanın tuzaklarından bir tuzak olabilir. Nitekim olmuştur da... İlmin azma sebeplerinden bir sebep olması kadar da tabii bir sonuç yoktur.

Şeytan insanı tuzağa düşürürken, kullandığı malzemeleri kişilerin durumuna göre kullanmaktadır. Kimilerini namazla, kimilerini de malla iğva edebilmektedir. Allah'ın kitabı Kur'an bile nicelerinin ayak kayağı olmuştur. Kur'an üzerindeki yanlış telakkiler, onu şahsi kanaatlere göre tevil etmek, birer şeytan tuzağı olarak gerçekleşmiştir. Kur'an gibi bir hidayet kaynağının sapıtma nedeni olmasına şaşmayacağımız gibi, ilmin de insanın ayağında bir kayma zemini olarak şeytan tarafından kullanılmasına şaşmamamız gerekmektedir.

İlim, Allah için olduğunda ve Allah'a götürdüğünde ilimdir. Allah'a isyanda kullanılan veya bir yolla şeytanın sistemine alet olan bilgi birikimi için ilim diyemeyiz. Bu ilim diyemediğimiz birikimin coğrafya, matematik ya da tefsir ilmi olması bir şey değiştirmiyor. Adı tefsir de olsa netice önemlidir. Kur'an dili olan Arapça'yı çok iyi biliyor olması Ebu Cehil'i kurtarmadı da, Kur'an dili demek olan tefsir ilmini bilmek kimi kurtarabilir? İlmi ve ilimle meşguliyeti Allah'ın emirlerinden bir emir olarak görmeye mecburuz. Bu mecburiyet herkesin kendi sınırları ile sınırlı olabilir ama bütün iman ehline şamildir. Resûlullah sallallahu aleyhi ve sellemin bize neyi miras bıraktığını herkes kendi düzeyinde bilmeye mecbur hissetmelidir kendini. İhtisas düzeyinde olması gerekenimiz de olabilir, birkaç sayfaya sığabilecek seviyede kalanımız da; ama hepimizin ilimle mutlaka bir bağı olmalıdır. İmanın gerektirdiği budur.

UNUTMAYASIN!

Yusuf, Yusuf olurken basamakları tek tek çıkarak yükseldi. Peygamber çocuğu olduğu hâlde ona özel muamele yapılmadı.

Saraydan zindana alındı. Bahardan kışa geçiş gibi bir terslik kuşattı onu ama o sürekli ilerledi, gerilemedi basamaklarda.

İlme, ilim adamlığına ve ilimle meşguliyete bakan gözümüzün görmesi gereken bir hakikat daha vardır. O hakikat de şudur: Mevcut hayat tarzımızdaki ilim merakının ve ilme açılan imkânların, mü'min kimliğimizin ortaya çıkaracağı ilimle ne kadar alakası vardır? Biz ilimle ne kastediyoruz, mevcut ilim idraki bize ne veriyor? Her kitap, her okuma yazma hamlesi ilim midir?

Basit bir sorgulamadan sonra önümüze şöyle bir hakikat çıkacaktır: Şu andaki ilim ve öğrenme dalgalanması, şeytanın tuzaklarından bir tuzak olarak da sonuçlanabilmektedir. Allah'ın dinini öğrenmek için bile dine aykırı davranılabiliyor ve bunda bir sakınca görülmüyorsa biz, ilim adına cehalete dalıyoruz demektir. İlim, yeryüzünde Allah'a isyanı kaldırmadıktan sonra nasıl ilim olur?

Ortaya çıkan 'diplomalanma furyası' ve diplomalı adam olma heyecanı' başta iffetimiz olmak üzere bizi biz yapan pek çok değeri sulandırmaktadır. Din öğrenmek için dine aykırılık mubah görülebilmektedir. Dini dinsizden öğrenmeyi bile normalleştiren anlayış, açık bir soruna işaret etmektedir. Bir kere, rızık endişesine dayanan ilim merakını nasıl ilim olarak adlandırabiliriz?

Neredeyse kasabalara bile açılan üniversiteler ve ilahiyat fakülteleri bizim hissiyatımızı mı yansıtıyor? Eline kalem defter alan herkesin ilim adamı olması mı sağlanıyor?

Endişeliyiz doğrusu, ilmin de önümüze bir tuzak olarak çıkmasından çok endişeliyiz.

Biz ilim ümmetiyiz ama ilimle vurulacak bir ümmet olamayız.

İlim adına ne veriyor olduğumuzun hesabını yapmadan ne aldığımıza sevinmenin anlamı yoktur.

Kim Şanslı?

İki neslin birincisi olan nesle bakalım.

Herkesin bildiği o meşhur yılların insanları olarak yaşadılar. İklim haşin bir iklim, yakıp kavuruyor. Doyasıya yiyecek yok. Su çeşmesi görülmemiş bir şey. Giyim örtecek kadar. Güvenlik yok; öldürülenin hesabı sorulmuyor. Mü'min olmak çok şeyi göze almak sayılıyor. İşkenceyi, hicreti, kıtlığı, cihadı, şehadeti, sakat kalmayı göze almadan mü'min olmak mümkün değil. İş ağır, görev çetin, imkân kıt, düşman güçlü. Seccade bile yok; çakıl ve kum seccade sayılıyor.

Kur'an iniyor, onu yazacak kâğıt yok, kalem yok. Çocukları öğretecek bir mekân yok. Sadece bir Suffe var, kıt kanaat orada durabilenler bir şeyler öğrenebiliyor. Bir arada bulunup Peygamber aleyhisselamdan din adına öğreteceklerini dinleme fırsatı bile yok. Bir hadis dinleyen diğerini dinleyemiyor. Not tutma, bir arada öğrendiklerini tekrar etme şansları bile yok.

Pek çoğu, Kur'an'ı topluca bir arada görmekle bile müşerref olamadılar.

O şartlarda iman edip mü'min olarak yaşayan nesil zorlukları, sıkıntıları ve ilk nesil olmanın eksiklikleri yanında mükemmel bir iman tablosu oluşturup gittiler. Yoklar listesinin karşısında müthiş bir varlık sergileyen iman ispat ettiler.

Onlar ortamları nedeniyle eksik bırakıp gitmek gibi bir sonuç çıkardılar mı? Ya da ilk nesil olmanın, Peygamber aleyhisselamın dizi dibinde olmanın erişilmez onuru ile farklı fırsatlar yakalayıp mı gittiler? Onlar şanslı mı?

Bir de bilgisayar zamanının nesline bakalım. Dünya parmaklarının ucuna sıkışacak kadar küçülmüş, önüne konmuş. Asırlarca süren ilim birikimini bir tuşla önüne koyacak kadar geniş fırsatlar var elinde. Okumak istediğinde kitabından akıllı tahtasına kadar her şey önünde hazır duruyor. Camileri klimalı, halıları yün, pencereleri perdeli, abdestlikleri şelale gibi, seslendirme mükemmel, ezanları bile merkezî, imamı maaşlı, müezzini kayyımı ayrı bir cami; o camide namaz kılmakla mükellef. Medreseler yaygın. Hatta laik bir düzenin himaye ettiği, görevlilerinin maaşını verdiği din öğretilen okulları var.

UNUTMAYASIN!

Yusuf aleyhisselam bir genç olarak karşısına çıkan her imtihanda Yusuf oldu.

Genç yaşta bir devletin bütün ekonomisi avucuna kondu ama o değişmedi; kuyudaki Yusuf olmaya devam etti.

Haccı uçakla yapabiliyor. Umresi lüks otellerde dinlenerek yapılıyor.

Ramazan'da oruç tutacağı zaman doktor kontrolünde, Bedir'e gitme sıkıntısı yok, hurmayı sadece özlemli olsun diye iftariyelik olarak tüketiyor, sofralarında yenemeyenler yenenden çok daha fazla olarak oruç tutuyor.

Yaşadığı her köyde camisi var, hocası var, evler kütüphane gibi kitap dolu bir hayat yaşıyorlar. Güvenlikleri var. Yerleşik hayatları var. Göklere yükselen binaları mesken edinmişler. Allah'ın nimetleri sayılmakla bitmiyor.

Bu neslin de sıkıntıları var elbette; tabiat bakirliğini yitirmiş, gıda doğal değil, manevî buhranlar var, insanî ilişkiler çok tahribat görmüş, aile sarsılmış, cemaat dağılmış, Hilafet yok, faiz, zina almış başını gitmiş. Varlar kadar yoklar da var bu nesilde.

İki nesilden hangisi daha şanslı sorusunun cevabı nedir?

En kısa ve net cevap şudur:

İlk insandan son insana kadar hiçbir nesil, hiçbir insan diğerinden daha şanslı veya şanssız değildir. Zira Allah Teâlâ, ilk insandan son insana kadar herkesi aynı şartlarla aynı cennete davet etmektedir. Bir nesle verdiği imkânları ikinci nesilde vermediğinde adaletli bir meydanda yarıştırmamış olur kullarını. Bu da O'nun işi değildir. Biz uzaktan seyrederken, 'filan sahabi ne şanslı imiş, mesela Peygamber aleyhisselamı görmüş' diyoruz. Hâlbuki 'Peygamber aleyhisselamı gördüğü hâlde cehennemde yanacak niceleri var, onu görmek tek başına bir şans değildir' dememiz gerekmektedir. Tıpkı, şu zamanda 'ne güzel, herkes bilgisayardan âlim olacak' diyemediğimiz gibi. Bilgisayar iman ve amel hızını artırmadı. Gelen fitnesi ile geliyor.

Hiçbir zaman ve mekân, sınırsız bir şans değildir. Bilakis bütün zamanlar ve mekânlar, onları değerlendireceklerin himmeti kadar değerlidir. İş becerebildikten sonra Firavun'un sarayından bir Âsiye olup çıkmak ve Kur'an'da övülmek mümkündür. Tıpkı, Kâ'be'nin eteklerinden bir cehennem kütüğü Ebu Cehil olarak yuvarlanıp gitmek mümkün olduğu gibi. Zamanlara ve mekânlara takılı kalma yerine heyecanımızı ve himmetimizi yükselterek yol almayı gaye edinmeliyiz.

Ne şanslıyız ne de zarardayız. Sadece imtihandayız. İmtihan ise hep aynıdır. Soruların yeri ve cevap şıklarını değiştirmişler. Ana soru hep aynıdır: Şeytana uymak veya uymamak!

Her Şey Adım Adım

Yollar adım adım kat ediliyor. Ağaç da milim milim büyüyor. Damlalar sonunda göl oluyor.

İnsan da büyürken gözle asla izlenemeyecek kadar küçük ölçülerle büyüyüp büyük insan oluyor. Büyük doğmanın mümkün olmadığı bir dünyada yaşıyoruz. Küçük doğup büyümek muhkem bir kaderdir. Ağacın da kaderi budur insanın da.

Yol kat etmek isteyen bu kurala bağlı yürürse yol bitirir. Adımları ile yolu arasında denge kuramayanlar için yollar bitmez mesafelerden oluşur. Bir gecede büyüyen ağaç ürkütür, damlamadan gelen su sel olur, afet yapar. Bir bebek, büyüsün diye annesinin kucağında durduğu hâlde, annesi onun büyümesi için çabaladığı hâlde, çocuk bir gecede on yıl mesafe kat edip bir aylık iken on yaşındaki ağırlığına gelse annesi bundan mutlu olmaz, yavrusunu acile kaldırır. Büyümek tabii olduğunda güzeldir. Adım adım olduğunda sevindirir.

Mü'min insan olarak yaşama arzumuz için de bu kural geçerlidir. Kimse bir gecede kemale ermeyi beklememelidir. İman da küfür de, nefes nefes gelişir. Her alınan nefes ya

UNUTMAYASIN!

Yusuf aleyhisselam, kendisini kuyuya atıp öldürmek isteyen kardeşlerini, boyunları bükük olarak önünde gördüğü gün de Yusuf olarak kaldı. O imtihanı da kazandı.

Her imtihandan Yusuf olarak çıktı o.

imanı ya da küfrü büyütür. Gözün gördüğü, kulağın duyduğu, dilin konuştuğu her şey o büyümeyi sağlayan damlalar gibi birikiyor. Her gün bir kelime öğrenip sonunda annesinin dilini konuşan çocuk gibi büyüyüp gelişiyor imanımız. Kimliğimiz böyle oluşuyor.

Namazın rekâtları sayılıyor, orucun da günleri. Hac, sayılarak bitirilen tavaflardan oluşuyor. Dört rekâtlı bir namaz, dörtten biri eksik olunca namaz olmadığına göre sayılardan oluşan bir bütünün her parçası, o bütünün kendisi kadar değerlidir.

Yollar adımlarla kat edilebiliyorsa her adım o yolun kendisi gibidir. Adımlardan hiçbiri önemsiz olamaz.

İyi işlerin veya kötü işlerin önemsiz görülebileni olamaz. Tek bir kelime ebedî cennet sebebi, ebedî cehennem nedeni olabiliyorsa 'önemsiz' sayabileceğimiz kelime bizim sözlüğümüzde yoktur. Hesabı oluşturan bütün rakamlar, beklenen sonuç için önemlidir.

Ne kulağımıza giren tek bir kelimeyi ne de dilimizden çıkan bir tek cümleyi basit göremeyiz bu yüzden. Harflerden kelimeler, kelimelerden cümleler kurulduğu gibi, dünkü bir salih işimiz, bugünkü bir zikrimiz, yarınki bir planımız bir bütün olarak bizi yansıtmaktadır. Hiçbir kelimeyi küçük göremeyiz. Hiçbir bakış, boş değildir.

Anne baba, ümmetin çocuklarına eğitim veren muallim olduğumuz konumda ajandamızdaki ilk not, önümüzdeki ilk çizgi bu olmalıdır. Gerçekçi olmalı, gerçeğe göre plan yapıp beklenti içinde bulunmalıyız: İnsan bu, adım adım büyüyecek. İman içinde damla damla göl olacak. Üç günde olup bitenden hayır beklememiz zordur. İyilik için olgunlaşmayı beklemek zorunda olduğumuz gibi, önümüze çıkan kötülüğü de kökleşmiş görmemiz mümkün değildir.

Sabretmesini bilen, yürümeyi biliyordur. Sabır ise beklemek değildir; yürürlükteki kanunları bilmek, gözü, kulağı, dili o kanunlara göre kullanabilmektir.

Gün sayma yerine iş bitirmeyi, görüntü yerine ihlası, sayı yerine kaliteyi getirince işlerimiz rayına oturacaktır. O zaman sabrın anlamını bilmiş olacağız. Neden var olduğumuzu, bizden ne beklendiğini idrak etmiş olacağız.

Heyecanlanmaya gerek yoktur. Acele yanlıştır. Plan bizim planımız değildir. Kim yarattı ise planı da o yapmıştır. O, bir gecede büyümeyi takdir buyurmadığı için büyüme yıllara yayılıyor. Mülk O'nun, karar O'nundur. O, böyle dilemiştir. Hayatı nefes nefes tükettiğimiz gibi amellerimiz ve emellerimiz de kelime kelime, adım adım oluşsun istemiştir.

Her şey adım adım yol alıyor. Ağaçlar da insanlar da onları yaratanın planına göre var oluyorlar. Büyük emelleri olanlar, milim milim yol alacaktır. Yol budur, usul budur. Arafat'ta on binlere irad edilen hutbeden önce birer birer peşlerinde koşulmuştu onların.

Burası dünyadır; yolları yürünecek, sularında yüzülecektir. Adım adım, kulaç kulaç...

Ağlama Vakti Değildir

Ağlamak, insanla ilk dakikasından itibaren tanışıktır. Üzülür ağlar, sevinir ağlar insan. Ağlamak bir tepki çeşididir. Boşalıp rahatlar insan ağladıkça.

Ağlamayla insan olarak da ilişkiliyiz mü'min olarak da. İmanımız gereği Allah'tan korkup ağlamamız ne güzel bir haslettir. Mü'min, gecenin sessizliğinde ahireti gözünün önüne getirip ağladığında makamı yüksek insanların yolunda bir iş yapmış olur. Bu bir meziyettir şüphesiz. Islak gözlü olmak, kurumuş göz sahibi olmaktan evladır. Gözlerden akan bir damla yaşın cehennem ateşini söndürecek güçte olduğu öğretilmiştir bize. Böyle iman ediyoruz.

Allah korkusu ile dolup taşan yüreklerin sahipleri farklıdır. Onlar, faninin peşinde olmayı aşmış kimlikleri ile sürekli yükselirler. Onlar yükseldikçe tevazuları artar, heyecanları coşar adeta. Bu hâlleri de onların ıslak gözlerinden, ürperen kalplerinden izlenebilir.

Ağlamak vardır ve bir meziyettir. Buna kimsenin itirazı olmaz. Önümüzde duranlar gözyaşları ile örnekler bırakıp gittiler. Kur'an'ımız onları o hâlleri ile övdü. Allah yolunda

ŞU ÖRNEĞE BAK

Ali bin EbiTalibradıyallahu-anh, yüreği hür gençlerin zirvesindeki isimlerden biridir.

Ölüm yatağına yatmaya razı olduğu gün bütün zincirleri kırmıştı. Genç yaşta en olgun kimliği ortaya koymuştu.

infak edecek bir şey bulamadıkları için ağlayanları övdü Kur'an'ımız. Allah korkusundan gözü yaşaran sahabiler rahmetle müjdelendiler. İyilerden olmaya muvaffak oldular.

Fertler olarak seccademizin üzerinde, Kâ'be'nin etrafında, Kur'an rahlemizin başında ağlamaklı oluruz. Günahlarımıza ağlarız, umudumuza ağlarız. O hâller bizim özel hâllerimizdir. Kalbimiz incelir, gözümüz sulanır; bununla da Rabbimizin rahmetini umarız.

Ümmet olarak kendimize baktığımızda ise ağlayan bir ümmet değiliz biz. Hiçbir zaman bizim ağlama zamanımız değildir. Ne geçmişe bakarak ne de gelecekten ürkerek kendimizi salmayız. Umutsuzluğu kapımızdan içeri sokmayız. Yüreklerimiz çaresizlik karşısında dipdiridir.

İşi vaktinden çok bir ümmet olarak yapmamız gerekenler arasında teslim olmuşluk yoktur. Kendimizi salamayız, ne emekli oluruz ne de kendimizi karanlıkta hissederiz. Peygamberimiz öldürüldü diye bir şayia ile karşılaşsak da yıkılmayız; kalkar onun öldürüldüğü yolda öldürülür de yine çaresizliğe teslim olmayız. Oturup ağlamak yerine kalkıp çalışmak, yürüyüp varmak, tutup kaldırmak vardır bizim hedefimizde.

Dün böyle idi kuralımız, bugün de böyledir. Yarın da elbette böyle olacak. Kimse ağladığı kadar kazanmış olmayacak. Zamanlardan hiçbir zaman, ağlamayı 'iyi bir iş' yapmamıştır. Gece seccadesinin başında ağlayanlar yaptıklarıyla övünebilirler. İyi iş yapmış da sayılırlar elbette. Onlar için bir hasenattır bu.

Faizin yayılmasına, paranın Müslüman'ın en ağır imtihanı olarak yüzünü gösterdiği bir zamanda parayı faizden ve haramdan arındırmak için ağlayanlar asla iyi bir iş yapmış değildirler. Ümmetin çocuklarının ümmetimize ait olmayan değerlere feda edildiği zamanda, bu duruma kahrolmayı yapılması gereken bir iş olarak görenler de üzerlerine düşeni yapmış değillerdir. İffetin değer yitirdiği zamanda, yapılması acil olan iş, sadece o iffeti korumak olmalıdır. Onun dışında ne yapılırsa yapılsın ilk yapılması gereken şey değildir. Onu yapan da en iyisini yapmış kişi değildir.

Bugünü anlamak, dün olmayıp bugün olanı yakalamakla mümkündür. Yarına sahip olmak da bugünü anlamakla mümkündür. Bugün beklenen iş matem tutmak, karalara bürünmek olamaz. 'Kim ne kadar üzülürse o kadar iyi iş yapmış' sayılamaz. Üzüntüyü içine gömebilen hatta ondan kendine enerji çıkarabilen olmak gerekiyor. Oturup yas tutmak bizim işimiz değildir. Dertleri saymak da işimiz olamaz. Dertleri aşmak işimizdir.

Önümüzde duranlar, uğruna analarını babalarını feda etmeye hazır oldukları biricik Peygamberlerini kaybettiklerinde, oturup matem tutmak yerine, o öldü ise davasını sürdürmek için toplandılar. Acıyı içlerine gömüp davasını sancak yaptılar. Duygusallığın en doğal zamanında gerçekleri idrak ettiler.

Bu ümmet, ağlamayı en çok hak ettiği günde bile ağlamak yerine Üsame'nin ordusunu uğurlamayı tercih etmiş ümmettir. Ağlamak ve ağlamayı çağrıştıran bir eylemi hiç tercih etmemiştir. Ne kadar ağlarsan o kadar değildir metodu, ne kadar çalışırsan, ne kadar cihat edersen vardır defterinde...

Zaman ağlama zamanı değildir. Allah için paraya hükmetme zamanıdır. Çocuklarımızı ve mesul olduklarımızı Allah'a adanmışlığa layık etme zamanıdır. Zaman, direnme ve yıkılmama zamanıdır. Ümmet olarak, en zor zamanlarımızda en dik duruşlarımızı gösterme zamanındayız. Ağlaması gerekenler ise bu şuuru yakalayamayanlardır. Onlar ağlamalıdırlar, ağlanmalıdırlar.

Uyum Enerjisi

Bir beyinden idare edilen dil ve elin, göz ile ayağın farklı sonuçlar göstermesi uyumsuzluktur. Mü'min insanın, diliyle söylediğini eliyle belgeleyememesi, Kur'an'ımızın beyanıyla 'yapmadığı şeyi konuşması' başarısız iddiaların nedenidir. Mü'minin enerjisi, elinin-ayağının ve dilinin bütünlüğünden gelir. El, ayak ve dil farklılaştığında enerji oluşmaz. Mü'min, sözünün altında ezilir, eli ile tuttuğuna hükmedemez. Organlar arası uyum şarttır. İmanımızla ortaya çıkacak enerjimiz de bu bütünlükle üretilebilir.

Elinin yaptığını konuşan, eline dilinin konuştuğunu yaptıran mü'min, ilahî teyit gören mü'mindir. Esasen mü'min, o bütün insandır. Beyninden eline, diline, ayağına, gözüne, kulağına aynı sinyalleri gönderebilen insan, üzerinde imanı izlenebilen insandır.

Dil, el ve diğer organlar arasındaki uyumlu gayeler ve uygulamalar, mü'min insanı evindeki kimliği ile mescide taşıyan köprüdür. O, evindeki kimliğini mescide, mescitten iş yerine taşır. Mescitteki huşu ehli mü'min, evinde aranırken başka bir kimlikle beklenilmez; o odur. Mescitteki kimliği evinde-

MUHTEŞEM ÖRNEK

Mus'ab bin Umeyr muhteşem bir örnektir.

Genç yaşta hicret etti.

Muallim oldu.

Medine kurdu.

En zengin ailelerden birinin oğluydu. Kırdı para zincirini.

Kefensiz bir şehit olarak gitti Rabbine.

ki kimliğine uyumludur. Mescitteki sabrı, evindeki sabrıdır. Mescitte o mü'min hakkında imamdan alınacak referans, onun çocuklarından babaları hakkında alınacak referans gibidir. Beraber namaz kıldığı saf arkadaşları onu munis, halim biri bilirken, çocukları ve eşi merhametsiz biri olarak görmemişlerdir.

Ticaretinde de o kimliğin sahibidir bu mü'min; diliyle beyan ettiği söz, elinin attığı imzanın gereğidir her zaman.

Yürürken, konuştuğu mantıkla yürür. Oturduğunda ve kalktığında dilinin çizdiği çizgi üzerinden kimliğini izlemek mümkündür.

Tam bir uyum vardır mü'min insanın hayatında. Bu uyum onun bereket kaynağı olur. Bereketli bir hayat yaşadığı için de az mal ona yeter. Dertlerinin üstünde bir anlayışla yaşar, dertlerin içinde boğulup gitmez. Boğulmaz çünkü dili sabırdan ve umuttan söz ederken kıvranırsa uyumsuzluk göstermiş olur. O ise uyumu ile kimliğini ispat etmiştir.

Mü'min insandaki uyum, onun mevsimden mevsime değişmeyen istikrarlı şahsiyetinde de açıkça izlenebilen bir karakterdir. Onu Ramazan ayında kim nasıl izledi ise Ramazan'dan sonra da aynı karakterle izleyecektir. Ramazan'da farklı, sonrasında başka bir şahsiyet benimseyemez. İstikrarlı ve sabit kimliği ile ayakta durur.

Zamanla uyumludur; şaşmaz güneşin altında yaşarken en değerli varlığı olan ömrünü hesapsız harcamaz. Bir yandan fanilikten söz ederken bir yandan da ebedî gibi yaşama çelişkisine düşmez. Onun bu uyumu kendisine enerji olur. Gecesini bereketli yaşar, gündüzünü bereketli yaşar. Namaza da vakit bulur çalışmaya da.

Onu cihadında yine o uyumu ile izlemek mümkündür. Cihat gereken yerde vardır o. İnfak gereken yerde vardır...

Hastalık onu uyumundan alıkoymaz.

Yorulmak, usanmak onun sözlüğünde yoktur.

Yaz/kış onun için değildir. O her zamanın insanı, bütün şartların ehlidir.

Kalbi ile beyni uyumludur. Ruhu ile bedeni uyumludur. Umutları ile çalışması uyumludur. Dostları ile beklentileri uyumludur. Bulunduğu konumu ile ulaşmak istediği menzili uyumludur.

Dilinden eline kadar ona bağlı ne varsa tezat içinde olmaz. Geçici bir tezatlık olsa da çok sürmeden onu giderir. Tezattan ortaya çıkan çelişkiyi giderir.

Girdikleri kasabaları, o kasabanın dilini bilmedikleri hâlde iman ehli olarak sabahlatan Allah dostu sahabiler bu uyumla iş gördüler. İnsanlar onların üzerlerinde çelişki göremedikleri için, dillerini bilmemelerine rağmen ne dediklerini anladılar. Hâlleri onların dili oldu, konuşmadıkları bile dinlenir oldu. Yürüyüşlerine anlamlar yüklendi, sessizlikleri ses getirdi.

Beyni ile beynine bağlı organları arasındaki uyumu onu göklerde beğenilen yapar. Göklerde beğenilmişliği sayesinde yeryüzünde de beğenilen olur. Bir kere beğenilen olduktan sonra ona yollar açılır artık. İşinde huzur, aşında bereket, gözlerinde basiret, beyninde idrak, kalbinde nur vardır.

Yürüyüşü hakka doğrudur. Tuttuğu hakkın tuttuğudur. Konuştuğu haktır.

O mü'mindir, imanının gereği olarak da diktir, onurludur. Onun diliyle eli arasındaki uyum, göklerle yerin birleşmesi kadar muhteşemdir; varlığı ile muhteşemdir, sonuçları ile muhteşemdir.

Hür Adamlar Olarak Ashabı Anlamak

Allah onlardan razı olsun. İlk iman edip sahabi olma şerefine ereninden en son vefat edenine kadar hepsi rıza makamına erdiler. En zor zamanda en önemli işlere muvaffak oldular. Sevdiler, sevildiler. İlk temeller onlarla atıldı. Tereddütsüz bir itikatla yaşadılar. İçlerindeki yabancı düşünceleri kökten kazıyıp attılar, dışarıdan olan hiçbir şeyi de akidelerine bulaştırmadılar. Levhimahfûz'dan indiği gibi berrak bir iman sahibi olarak Rablerine kavuştular.

Allah onlardan razı olsun. İnen âyetleri ilk onlar uyguladılar. Peygamber aleyhisselamın etrafında, 'en güzel örneği' en güzel şekilde izleyerek bize aydınlık bir yol bıraktılar. Onların gayretleri sayesinde gecesi gündüzü kadar aydınlık bir hayatımız oldu. Ağır bir cahiliye hayatı yaşadıktan sonra İslam'la şereflendikleri için, onların İslam'a sarılmaları, daha sonra doğdukları evin dini olarak İslam'ı bulmuş nesillerden çok daha samimi ve pratik olmuştur.

Bütün zamanların Müslümanları, ashabı anlamaya mecburdurlar. Kim onları ne kadar anladı ise o kadar iyi Müs-

UNUTULMAZ İSİMLER

Mağara arkadaşları.

Zulme ve şirke başkaldıran gençler.

Kıyamete kadar en şanlı direnişin ve en büyük mucizelerden birinin sahipleri.

Gençliğin ve hürriyetin abideleri; ashab-ı kehf.

lüman olma hazzına sahip olur. Onlar anlaşılmadıkça İslam da anlaşılmış olamaz.

Ashabı anlamayı onların çektikleri çileler üzerinden düşündüğümüzde, örnek alacağımız alanı daraltmış oluruz. Evet, onlar bin bir çile ile din yaşadılar. İşkenceler ve hicret onların günlük hayatı olarak tarihe geçti. Fakirliğin çeşitlerini tattılar. Ailelerinden kopmaya razı oldular.

Ashabın bize örnek olması, dinin yaşanması için yapılacak işlerin tamamında vardır. Konunun hicretle, fakirliğe sabırla, gece ibadetiyle, infakla, cihatla, itaatle sınırlandırılması doğru olmaz. Bunlardan biri veya birkaçı ashabın bütünü değildir. Ashab-ı kiram, hayatı Allah'ın istediği kıvamda yaşamaya muvaffak olmuş insanlardır. Onların anlaşılması ancak hayatın Allah'ın rızasına göre yaşanması için gerekenlerin tümü ile ortaya çıkmış olabilir.

Onları bize etkisi olacak bir mantıkla anlamanın birinci şartı 'ashab-ı kiramın da insan standartlarında olduklarını' kabullenmektir. Hiçbir sahabi mucizelerin ürünü değildir. Ebu Bekir radıyallahuanh da Vahşî radıyallahuanh da mucize ürünü değildir. Dua ile veya gizli bir el ile yol almamışlardır. Onların en temel özelliği insanlık ölçülerinde yaşarken meleklerle yarışır olmalarıdır. Onları farklı kılan da odur. Dua ile desteklenip yükselmeleri mümkün olsa idi bu yükseltme herkesten önce Resûlullah sallallahu aleyhi ve sellemin amcası Ebu Talib için yapılırdı. Evet, dua alan olmadı diyemeyiz. Dua alan da oldu ama bu dua şu veya bu işi içindi, o kutlu seviyeye yükselmeleri için değildi.

Onların bu hususiyetini, yani insana ait karakterlerin içinden meleklerle yarışacak meziyetlere sahip olmalarını her alanda görmemiz mümkündür. Onları izlerken bu çizgi üzerinden izleyerek, sahabilik unvanı dışında kalan becerilerine bizim de muhatap olabileceğimizi anlamış oluruz. Sahabi olmak mümkün değildir ama Peygamber aleyhisselamın bu zamandaki Ebu Bekir'i olmak mümkündür. Ebu Bekir'in gösterdiklerini göstermenin yolu açıktır. Din aynı dindir, beklenenler de aynı şeylerdir. Ebu Bekir'in esaretinden kurtulduğu nefsi de herkeste vardır. Onun yaptığını yapmada samimiyet gösteren, samimiyetinde Ebu Bekir'e yaklaştıkça Ebu Bekirlik yolunda ilerliyor demektir.

Onları sadece Uhud'da kılıç kullanırken hatırlama yetersizliğinden kurtulup, onları bir de nefislerini iradeleri ile doğrarken görebildiğimiz zaman asıl etkiyi kavramış oluruz.

Onlar hicret ederken babalarının toprağı Mekke'den hicret ettikleri gibi mal hırsından da hicret etmeyi becermişlerdi. Peygamber aleyhisselam faizi ayaklarının altına aldığını söylediğinde onlar faizi ceplerinde tutmama dirayetini göstermişlerdi. Allah onları hayatın bütün renkleri üzerinden imtihan etmeyi murat ettiğinde onlar da, her imtihanda yapmaları gerekeni yaptılar. Onları sabırda, infakta, itaatte, ibadette, teslimiyette, sadakatte, nerede aranıyorlarsa orada sahabi olarak görebiliriz. Gece ibadetindeki kaliteleri gündüz cihatlarında da vardı. Evliliklerine o anlamı yüklemişlerdi. Sosyal kimliklerinde o anlam vardı. Gece ve gündüz ayrımı yapmamışlardı. Dünya ve ahiret tezadına da düşmemişlerdi. İşleri iyi gitse de gitmese de Ebu Bekir idiler. Ramazanda kim idiyseler sonrasında da o oldular.

Ashabı anlamak büyük bir merhaledir. O merhaleyi geçmeden yolumuza baktığımızda, kat edeceğimiz uzun bir yol görmeye mecbur kalacağız demektir. Onları Uhud'da ellerinde kılıçla izlemeye devam ettikçe, izleyecek asıl kimlikleri henüz bulamadık demektir. Onları Sünnet'e teslimiyetlerinde nefislerini doğrarken, namazda huşuda iken, evlerinde eşken izlediğimizde ise görüntüyü yakaladık demektir. Allah onlardan razı olsun.

Bir Kafa Yetmez

İnsan mükemmel bir mahlûktur. Mükemmelliği bütün olarak alındığında ortaya çıkar. İnsan mükemmeldir ama sadece eli ayağı mükemmel değildir. Elden ayaktan oluşan, kalbi olan, beyni olan insan mükemmeldir. Hatta insanın bütünü bir arada değilse, parçalarından biri veya birkaçı insanın meziyetlerini ispat etmeye de yeterli olmaz. İnsanın en değerli organlarından biri beynidir, beyin de kafadadır ama tek başına kafa, insan değildir. İnsan bir bütündür, bütün olarak muhafaza edilince insanlığı ortaya çıkar.

Dinimiz de bir bütündür. İnsanın hayatını kuşatan bütün ihtiyaçlarına dair her şeyi ihtiva etmektedir. İnsan nefes alıyorsa nefesini düzenler. İnsan yiyor içiyorsa yediğini içtiğini belirler. Uyuyorsa uykusuna düzen verir. Yürüdüğünde yürüyüşünü, konuştuğunda konuştuğunu, baktığında baktığını kurallarıyla şekillendiren din, dindir. Eve girip evi din sahibi yapan, çarşıya girip çarşıyı rengi ile boyayan, mescide girip mescitte solunabilen din, din olur. Gün ortasında da gecenin karanlığında da bulunan ve bütün zamanlar için yaşanılır sistemler getirmiş olan din, dindir. O din de elbette İslam'dır.

İslam, insan içindir. Yüzde yüz insan için olduğundan fıtrata uyumlu olarak gönderilmiştir. İnsanı zorlayacak bir yönü bulunmadığı gibi ideal insan yaşantısı için de en mükemmeli getirmiştir.

İnsanın, bütün meziyetlerine rağmen bir bölümünün alınıp 'insan' olarak gösterilmesi mümkün olmadığına göre, insan için gönderilmiş olan dinimiz İslam'ın da bir bölümünün alınıp 'İslam' olarak sunulması mümkün değildir. İslam, insan için insanı kuşatmaktadır. İnsanın insan olarak bulunduğu bir yerde İslam, bütün kuşatıcılığı ile bulunmalıdır ki ebedî kurtuluş çarelerini sunsun. Bunun aksi, eli kolu bağlı bir İslam şeklinde ortaya çıkar. O İslam da ne Allah'ın indirdiği İslam'dır ne de çare üretebilecek bir İslam.

İslam'ın bütünlüğünü zedeleyen dış etkenlerden söz edilebilir. Şu dış baskı veya engelden ötürü İslam'ın şu bölümü eksik kalıyor denebilir. Belli bir zaman dilimi için bunu doğrulamak ve mazur görmek de mümkün olabilir. İslam'a iman eden Müslümanların, İslam'ın bölümlerinden birini uygulamamalarının ise hiçbir özrü yoktur. Dış etkenlerden dolayı devre dışı olan bir bölümün makul nedenleri vardır elbette. Müslümanların tembellikten keyfiliğe kadar pek çok suni mazerete dayanarak bir bölümü köreltilmiş İslam'ı benimsemelerinin kabul edilebilirliği olamaz.

İslam ev istiyorsa Müslüman evini İslam'a tahsis etmek zorundadır. Evde bir oturma odasını, tuvaleti tahsis etmek evi tahsis etmek olamaz. Oturma odasıyla, mutfağıyla, özellikle yatak odasıyla evin bütünü İslam'a tahsis edilirse Müslüman evini dinine tahsis etme iddiasında bulunabilecektir. Aynı şeyi Müslüman'ın bulunduğu bir iş yeri için de söyleyebiliriz. İslam, Müslüman'ın iş yerini de sahiplenmek istiyorsa -ki İslam olmak yani teslim olmuş bir insan olmak sahiplenmeyi ve şekillendirmeyi dine bırakmaktır- yılın bütün günlerinde iş yerinin yönetimi dinde olmalıdır. Bunu ramazan ayıyla sınırlandırdığımızda iş yerinde din sadece bir süreliğine bulunan misafir durumunda kalır.

Zamanın bütününü, enerjimizin tamamını dinimize göre kullanmamız şarttır. Mekânlarımızın tamamı dinimizle şekillenmelidir. İslamlaşmak, teslim olmaktır. Teslim olmuşluk, seçip beğenmekle gerçekleşmez.

Ekonomimizden dinlenmemize kadar, insan olarak bulunduğumuz her yer ve her zamanımız, İslam'la ve onun ahkâmı ile renklenmelidir. Bir kolumuz insan olarak bizi temsil edemediği gibi bir Ramazan ayı da dinimizi göstermez, dinimizden bir kesit gösterebilir. Arkadaş çevremizle ahlâken iyi durumda olmamız, aynı kaliteyi evde göstermediğimiz sürece tek başına bizim için iyilik getirmeyecektir. Namaz da böyledir; cüzdanlarda faiz bulundukça namaz tek başına İslam'ı gösteren bir unsur olmuyor. Tesbih de bu kurala tabi olmalıdır. Güzel zikir yaptığın kadar güzel konuşmaya da muvaffak olacaksın ki, teslimiyet yerini bulmuş olsun.

Bir kafa ile insan, bir sadaka ile de İslam olmuyor.

En Eski Mesele

İnsanın açlık ve barınması sorun hâline gelmeden önce 'aile' sorun oldu. Olayı sadece Habil/Kabil ya da iki kardeşin kavgası gibi görmenin çok kısır bir bakışı yansıttığını söylememizde sakınca yoktur. Nasıl her öldürülen insanın cinayet dosyasından bir suret de Kabil'e yazılıyorsa, bugün aile adına yaşadığımız sıkıntılarda da başlama noktası açısından ilk insanın dönemine ait izler vardır.

Evlenen iki gencin karşılaştığı sorunları çağın getirdiği yaşantı tarzına yüklemek de tek başına doğru olmayacaktır. İnsan, insan olarak bulunduğu her yerde içyapısından kopmadan bulunduğuna göre, onun, camide ibadet ederken nefsinden kaynaklanan sorunlar içinde yoğrulması da tabiidir, evinde erkek veya kadın olarak bulunduğunda 'aile sorunu' denebilecek sorunlarla yoğrulması da tabiidir. İnsanın, hem insan olarak kalması hem de melek gibi olması nasıl beklenebilir? İnsan olmasının kendisine yüklediği sorunlara rağmen, o sorunların kendisinden götürdüğü değerlerine rağmen insanın meleklerle yarışabileceği bir zeminde bulunmasının sırrı da burada gizlidir.

Aile, en eski ve en köklü sorunların odağıdır.

Bunun yanında, insanın bütün temel sorunlarının ana çözüm odağı da ailedir.

Bir kere insanın mümbit ve bereketli bir zeminde hayata başlaması, salih insan olma vasfını kazanacağı ilk eğitimini alacağı yer, ana rahmidir. Ana rahminin de hiçbir şekilde aile dışında bir yerde sağlanması mümkün değildir. Camiden, medreseden, cihat meydanından önce aile yuvasının ilk ve yegâne eğitim odağı olarak görülmesi bu bakımdan şarttır. Erkek olarak doğanın sonradan kadınlaştırılması veya aksi, nasıl suyu ters akıtmayı çağrıştırıyorsa, ailedeki ilk şekillenmenin sonradan değiştirilmesi de buna benzemektedir. Sonradan bir aşılamadan söz edilebilse de esas olan tohum süreci olacaktır.

Bu hakikat bizi, neden şeytanın en çok ilgilendiği ve insanla mücadelesini ilk başlattığı noktanın aile olduğu sorusunda açık bir cevaba götürmektedir. İnsanı ebedî bir hüsrana sürüklemeyi gaye edinen şeytan, bu gayesinin gerçekleşmesi için önce aileden başlamıştır. O böylece köklerden başlamış olmaktadır. Köklere zarar vermeyi becerdikten sonra ise dallar onun için daha kolay olacaktır elbette.

Bu hakikat, bir yandan da evliliğin ve evliliği çevreleyen değerlerin mü'minin gözünde nasıl bir yerde durduğunu göstermektedir. Evlenmenin ve ev hayatını Allah'ın rızası doğrultusunda sürdürebilmenin 'Allah'ın âyetlerinden bir âyet' olması ancak bu mantıkla anlaşılabilir. Bir gencin başka bir gençle görünürde şehvetlerini tatmin ekseninde bir araya gelmelerini Kur'an'ın 'Allah'ın âyetlerinden bir âyet' olarak göstermesi bile, bu hikmetin önünde durulup tefekkür edilmesi için iyi bir malzemedir.

Kur'an'ımızın bize göre teferruat olan, hatta biraz da meclislerde anılması pek münasip olmayan 'özel hâlleri' ulu orta anması, imandan, ahiretten, ibadetten, zikirden, cihattan ve benzeri ulvî kavramlardan söz ederken, mesela bir orucu ve Ramazan'ı öne çıkarırken birden 'kadınlı' konuları göze sokar gibi öne çıkarması, aile ve aileye dair konuları hangi ciddiyetle ele almamıza işaret etmektedir.

Aile, insanlığın en eski ve en kapsamlı sorunlarını ihtiva etmektedir. En açık ve kesin çözümler de ailede gizlidir.

Herhâlde bu nedenle aileyi oluşturan değerler olarak iffet, nikâh gibi kavramlar bize mukaddesat arasında bildirilmiştir.

Bu nedenle evliliği bir cihat olarak görmeden, onun hakkını vermek zor olacaktır.

Bir nikâh akdine imza atan erkek ve kadın, ilk insandan beri tevarüs ederek gelen sorunlar dağına omuz vermek veya altında kalmak gibi iki zor seçenekten birini tercih etmek üzere imza attıklarını bilmelidir. Hiçbir çağ ve hiçbir sistem bu formülü değiştiremeyecektir. Çünkü bu, insan olmanın gereğidir. İffeti ve fazileti tercih etmenin, sonrasında cennet nimetlerine dönüşecek bedeli budur.

İnsanlığın en eski dertlerinden biri, ailenin barındırdığı dertlerdir. En çok kazandıran, cennet getiren işlerden biri de ailedir.

Göz Boyama Medeniyeti

Yaşadığımız çağa damgasını vuran olgunun ne olduğu hususu herkese göre değişebilir şüphesiz. Teknolojik gelişmeler başta olmak üzere hayata tesir edenler arasında en ağır gelen hangisi ise bu çağ için onun adı kullanılabilir. Mesela 'cep telefonu çağı' demek mümkündür. Buradaki karara, insana etki eden yönleri dikkate alınarak varılmaktadır.

Yaşadığımız çağın en bariz özelliği ise bir göz boyama çağı oluşudur. Göz kadar etki altında tutulmak istenen ikinci bir organımız yoktur. Göz, diğer organlara da etki etmesi için kullanılmaktadır. İçinde oturulan binaların dış yapısına gösterilen ihtimamdan bunu anlayabiliriz. Bir binanın insan hayatı için gerekli hâliyle insanların gözüne hitap eden hâli arasındaki oran bunu izah edebilir. Evlerin içinde evdekilerin sağlığı için gerekenlerle, birbirlerinin veya dışarıdan gelecek olanların gözüne sokmak istedikleri arasındaki oran da iyi bir izah vesilesidir.

İbadet mekânlarımız camiler bile bu göze hitap eden, ruh yerine gözü koyan anlayıştan etkilenmiştir. Sade bir ortamda ibadet makbul değilmişçesine mescitlere tezyinat yapılmaktadır.

Adeta göz doyduktan sonra asıl doyması gereken uzuvların aç kalmasında bir sakınca bile görülmemektedir. Yeter ki göz doysun.

Gözleri boyamaya Mushaflar bile katılmıştır. Kur'an ne için indi, ne için onu alıp okuyoruz gibi endişelerin yerini, neresinde hangi süs ilavesi var merakı almıştır. Basılan Mushaflarda neredeyse tabiat resimleri âyetler arasına sokuşturulacak kadar bir göze hitap, göz boyama meyli ile karşılaşmış bulunuyoruz. Sadece Mushaflarımızdaki renklenme bile göz boyama medeniyetinin üzerimizdeki etkisini ispat edebilir. Ruha hitap eden Kur'an, günümüzde gözü tatmin etmeden ruha ulaşamamaktadır, mesele budur.

Gıdada dahi bu göz boyama medeniyetinin etkisini açık bir şekilde görebiliriz. En basit örnek olarak temel gıda maddemiz olan ekmeğin güzel görünmesi, gıdalı olmasından, zararsız olmasından daha önde tutulmaktadır. Ekmeğin neredeyse ana maliyeti kadar güzel görünmesi için harcama yapılarak önümüze konduğu bir ortamda ekmeğe ulaşıyoruz. Daha da garibi, güzel olmadığı için 'köy ekmeği' olarak vasıflandırılan ekmeğe sağlık nedenleri ile alaka çoğalınca o da göz boyama kültürü ile sunulur oldu. Boyayla, katkıyla 'köy ekmeği' ihdas edildi.

Cami ve ekmek; bu iki isim göz kurbanı olduktan sonra, ticarette göz boyacılığının bulunmasında ne sakınca olur?

Kalbiyle görebilen bir ümmet iken biz, gözden başka bir şeyle göremeyen bir ümmete dönüştük. Gözümüz de ancak rengârenk boyalı olanı görebiliyor. Bunun için de görmemiz gerekeni değil de gösterilmek isteneni görüyoruz. İşte bu çağa damgasını vuran bu illettir.

Eğitim de savaş da göz üzerinden yapılıyor. Haramlar göz üzerinden yayılıyor. En çirkin nesneler en cazip hâle sokulurken göz kullanılıyor. Esasen medyası ve diğer etkin araçları ile şer güçler insanları gözlerinden vuruyor, gözü esir alıp onun üzerinden yönlendiriyorlar.

Kitabımız Kur'an'ın bize gözlerimizi korumakla ilgili emri bir kere daha düşünülmesi, çalışma alanı olarak belirlenmesi gereken önemde durmaktadır. Çocuklarımız ve ailelerimizle ilgili planlamalarda, göz boyama medeniyetine karşı hangi taktiklerle ayakta kalacağımızı da incelemeliyiz.

İşimiz ilmihal öğretmekle, Kur'an okutmakla bitecek kadar kolay görülmemektedir. Kur'an okumak, dini bilmek gözün boyanmasına karşı yeterli bir savunma oluşturmuyor.

Mezarlıklarımızın bile göz boyama kültürüne göre düzenlendiği bir âlemdeyiz.

Gerçekçi olmaya mecburuz.

Gözümüzü bu boya kültüründen koruyabiliyor muyuz? Bu boyalı kültüre karşı neler geliştirebiliyoruz?

Ekmeğimizden camimize kadar her yer gözümüzün hoşlanacağı kıvama gelmiş olabilir. Bize göre pek cazip ortamlarda bulunuyor olabiliriz. İşte gerçeklerin en büyük gerçeği: Allah, sadece kalplere bakıyor. Bu göz boyama medeniyeti, Allah Teâlâ'nın bizde görmek istediği medeniyet değildir. Ne şirin gösteren tebessümümüz ne de boyalı, dijital teknolojilerle donanmış camilerimiz Allah'ın bizde görmek istediği şeyler değildir. O, sadece mamur kalpler görmek istiyor. Kalp ise boya tutmaz, içindekini verir.

Denge Siyaseti

Kuluz ve kulluğumuz insanî kimliğimiz üzerine bina edilmiştir. İnsan olduğumuz için kulluk sınavına tabi tutulduğumuz gibi 'insan olarak hangimizin daha güzelini yapacağı belli olsun diye' meydana çıkarıldık. Asla meleklerle ortak değerlendirileceğimiz bir imtihanımız yoktur. Cinlerle de ortak bir alan kullanmıyoruz. Bizden aşağı yaratılmış olan hayvanlar da bizim kulluk sınavımızın ortakları değildir.

Biz sadece bize mahsus, insan kimliği üzerine kurulu bir sınav üzerinde bulunuyoruz. Beyin, göz, kulak ve mide gibi organlarla ayakta duran, rükû ve secde yapabilmesi için kaslara ihtiyacı olan, kasları ancak alacağı gıdalarla güçlenebilen bir mahlûkuz.

Bir dilim ekmeğin bir secdeye, bir bardak suyun bir tesbihe, ciğerlerdeki bir nefeslik sıhhatin bir kıyama karşılık geleceği denklemi üzerindeyiz.

Ekmek ve su kadar ikinci insanlarla beraber olmaya da mahkûmuz. Yalnızlık da bir açlıktır bizim için. Gözümüz insan görmeli, kulağımız ses duymalı ki dünyada yaşadığımızı hissedelim. Cami kadar eve de muhtacız. Camilerde cenneti ararız ama evlerimizden camilere yürürüz. Dudaklarımız ağlama sesi ile gülme sesini aynı anda çıkarabilecek yapıda yaratılmıştır.

Bu bizim tercihimiz değil. En güzeli yaratan, dilediğine dilediği şekli veren Rabbimizin dilemesiyle olmuştur bu yapımız. Geceyi ve gündüzü, sıcağı ve soğuğu, güzeli ve çirkini yaratmayı dilediği gibi ağlayan ve gülen insanı da yaratmayı o dilemiştir. Hikmetini kulları bilsin ya da bilmesin en güzeli, en uygunu yaratmıştır O. O'nun yaratması yanında daha güzel bir alternatifin bulunması mümkün değildir.

Çıplak gözle bakıldığında sefih görülen ihtiyaçlarla, gözle bile görülmeyecek kadar ulvî gayeler arasındaki insanın, yaratılış maksadını gerçekleştirmesi ancak iyi bir denge siyaseti ile mümkündür. Cennetle dünya arasında hakiki değerine uygun bir denge, dünya nimetlerini kulluk için kullanmakla o nimetlerin esiri olarak yaşamak arasında bir denge kulluğu kavrayarak yaşamanın adıdır.

Tepilmiş bir dünyadan cennete geçmek kâğıda yazılabilir, konuşurken konuşulabilir ama yaşarken uygulanmaz. Esiri olunmamış bir dünya, ayakta kalabilmek için tüketilmiş gıda, barınmak, iffeti muhafaza etmek için sahiplenilmiş ev, maişet için yürütülen ticaret, insanî ilişkiler üzerine sürdürülen akrabalık, dostluk ve arkadaşlık gibi bağlantılarımız da cennet içindir. Tıpkı cennet için dünyada bulunduğumuz gibi...

'En güzel kıvamda' yaratılmışlığımızla 'esfel-i safilin' tehdidine muhatap olmamız arasında da böyle bir idrak vardır. En alttaki ile en üstteki seviye arasında gelgitlerimiz tabiidir.

Gayede sapma olmasın; Allah için yaşamayı bilelim.

Evlerimizi mabetleştirmeyelim; dünyevî ihtiyaçlarımız için ve gerektiği kadarı ile onlarla ilgilenelim.

Ticaretimiz, işimiz sürsün; asıl maksat olan Allah'ı zikre, kulluk mücadelemize mani olmasın.

Dostluklarımız, ilişkilerimiz sürsün; insanları dinimizden, davamızdan değerli tutmayalım.

Çoluk çocuğumuzla ilgilenelim, onlar için yatırımlar yapalım; çocuklarımız Allah'tan ve O'nun dininden daha cazip olmasın.

Herkes yesin içsin; yediğimiz içtiğimiz yüzünden bedenimizi eskitmeyelim.

Şehvetlerimizi köreltmeyelim; disiplinli, helallerle yetinen sınırlarımız olsun.

Gülelim; ağlamamıza sebep olacak kahkahalarımız olmasın.

Dünya bizim olsun, tümünü alalım ama kalbimize değil, kasalarımıza, ambarlarımıza girsin dünya.

O zaman cennet de bizim olur.

Başarılı Kim?

Önce dünya ile ahireti bir torbaya koyalım. Dünyada ve ahirette demeyelim; ikisini de aynı insan yaşayacağına göre dünyanın da ahiretin de ortalaması gibi bir değerlendirme ile 'Kim başarılı?' sorusuna cevap bulalım. Dünya hayatında sefil ama ahiret hayatında aziz olunmaz çünkü dünyadaki sefalet; açlık, sıkıntı ve fakirlikle daraltılan bir ölçü ile ölçülmemelidir. Eğer bir insan, ahiretini kazanabilmiş ise onun 'dünyası' açlıkla, sıkıntılarla boğuşarak geçmiş olsa bile o, harap olmuş bir dünyada yaşamamıştır. Bilakis onun dünyası mamur eden bir dünyadır. Ahireti imar eden bir dünya, ölümle bitmiş olsa bile harap bir dünya değildir.

Dünya ve ahireti beraber değerlendirerek baktığımızda başarılı olan yani hem dünyayı hem de ahireti başarılı olan kesin aday, Allah'ın tevfikine eren insandır. Kendisine iman ve ibadet sevdirilen, küfür ve günah nefret ettirilen, ateşe düşmekten korkar gibi isyandan korkan insan Allah'ın tevfikine eren insandır. Başta ashab-ı kiram olmak üzere Allah'ın nice kulları bu başarıya erdirilmiş kimseler olarak yaşadılar. Bu mutluluğu doyasıya tadarak bu dünyayı terk ettiler. Fakirlik hatta açlık, eziyetler onların saadetini etkilemedi.

Dünya ve ahireti bir arada gören anlayış için başarının sırrı Allah'a itaat olunca başarı da ancak Allah'tan istenen bir lütuf olmuştur. Fâni değerler üzerinden başarı peşinde koşanların idrak edemeyecekleri o büyük payeyi verirse sadece Allah verir. O kimi başarılı kılarsa o başarılıdır. İmanında, ibadetinde, düşünce ve tavırlarında, hayata bakışında başarılıdır o.

Başarılı bir insan, bir koltuğun sahibi olduğunda o koltuğu kendisi için yegâne gayeye dönüştürmez. Kendisinin de koltuğun da fâniliğini müdrik olarak iş görür. Kulluğunu unutturacak bir koltuktan Allah'a sığınır. Bilakis altındaki koltuğu, üzerindeki unvanları akidesine hizmet ettirir. Elindeki malı, mal olarak kullanır; ona esir olmaz, mal yüzünden kendini yıpratmaz, şahsiyetini zedelemez. Helal kazandığı malını Allah yolunda sarf etmekten imtina etmez. Onun malı da kendisi gibi Rabbine kuldur. O bir aile kurduğunda ailesi de dini için bir ocak hâline gelir.

Başarılı insan, şükür, sabır ve istiğfar üçgeninde yaşamayı becerebilendir. Allah'tan nimet gelse şükreder, şükrü ile başarının kapısını açar. Allah'tan imtihan gelse sabreder; sabır ona başarı şifresi olur. Kulluğu gereği bir hata etse hemen istiğfar eder; istiğfarı onu arınmış biri hâline getirir. O hep kazançlıdır. Onda kayıp yoktur çünkü Allah ona, gösterdiği gayret ve hedeflediği gayenin gereği olarak başarılı olmayı takdir buyurmuştur.

Başarılı insan için Allah hayır dilemiştir. Bu hayır onun eline, yüzüne yansır. İnsanlar onun için iyi şeyler zikrederler. O sürekli iyiliklere vesile olur, iyiliğin anahtarı, köprüsü olur.

İyiliğe adanmış bir insan için iyilik açısından emeklilik olmaz. O ömrünün sonunda bile bir hayra aracı kılınır. Ölümünde bile bir güzellik, güzelliğe vesile çıkar. Küçük görülen işlerinde dahi büyük güzellikler bulunur. O, hiçbir şey yapamasa bile en azından iyiliği düşünür, umut yüklü olur. Az yapar çok kazanır bir tiptir o çünkü yaptığında samimidir, ihlas onun hareket taşıdır.

Allah'ın başarılı kıldığı insan, kalbi heyecan dolu, tutmayan ayaklarına rağmen yürümeye hazır, dönmeyen diline rağmen eliyle, yüzüyle konuşabilen insandır. Kalbi Rabbine açık, Rabbinin onu yalnız bırakmadığı kimsedir. Onun gündüzünde ve gecesinde başka bir ahenk vardır. Geceyi bile gündüzleştiren gözleri, gözlerinden okunan basireti vardır. Kimin peşinde olduğu bellidir, nereye varacağı bellidir.

Başarılı odur, kazanan da odur.

İşveren ve İşçileri

İşimiz, 'en güzelini kimin yapacağını' göstermektir. En güzelini kimin yapacağını göstermek için yarışıyoruz. İlk babadan son çocuğa kadar herkes için aynı hedef, aynı yarış pistinde sürüyor. Kazananların ve kaybedenlerin akıbeti yabancımız değil; kitabımız Kur'an, cennet ve cehennem sahneleri ile doludur. Kazananlar ve kaybedenlerin sayılamayacak kadar çok örneği vardır.

Bize işveren aynı, verdiği iş de aynıdır.

İman edin, dedi. İtaat edin, dedi. Sabredin, kanmayın, yılmayın, dedi. Faniyi tercih etmeyin, ebedî olanın peşinden koşun, dedi. Secde edin, rükû edin, dedi. İsyan etmeyin, zayi olmayın, dedi. Helal yiyin, haramdan kaçın, dedi. İyilik yapın, hoş olun, dedi. İsraf etmeyin, kıymet bilin, dedi. Şükredin, nankör olmayın, dedi.

İşimizi veren hep aynıdır, verdiği iş de aynıdır. Kazananlar da bellidir kaybedenler de.

İşçiler hiçbir zaman iş şartlarını belirleyemediler. İş şartlarını hep işveren belirledi. Kazanmak isteyen o şartlara uydu.

Uymayanlar da işi kaybettiler. Her doğan gün, o günün iş şartlarını doğurdu. O gün işe kim girdi ise o şartlara göre kazandı veya kaybetti. Kiminin işi bir gün sürdü; kazandı ya da helak oldu gitti. Kiminin işi asırlar sürdü, dokuz asırdan çok işi süren oldu. Ama herkes kendisi için belirlenen iş şartlarına uyarak kazandı ya da aksi oldu. İşverenimiz kimseye iş alternatifi sunmadı. Ya bu ya da bu olabilir gibi bir alternatif yok onda, 'İşte bu senin işin!' dedi sadece. 'En güzelini yapmak isteyenler' o işe talip oldular.

İş oldu, evde halledildi. İş oldu, sokakta görüldü. İş oldu, ticarethanede bitirildi. İş oldu, meydanlara çıkıldı onun için. Ne evdeki kolaydı ne de meydandaki evdekinden kolaydı. Zorluk ya da kolaylık yerden zamandan çok kafalarda oluştu. İşi evde olanlar mescitlerde iş görenleri kolay kazanıyor zannettiler. Bugün gelenler, dün Uhud'dakilerin işini kolay gördüler. Köylüler şehirlilerin işine imrendi, şehirliler de köylülerin işine. Hâlbuki işveren, tam bir adalet oluşturmuştu. Kimsenin işi kimseninkinden ne kolay ne de zordu. Herkese tam bir adaletle iş dağıtılmıştı. Herkesin işinin karşılığı cennetti. Kime ne iş takdir edilmiş ise o, o işin karşılığında cennet alabilecekti. Bu da o işin başka bir işten daha küçük olmadığını gösteriyordu.

Annelik işine tayin edilenler, Uhud işine tayin edilenlerle aynı akıbete yani cennete hak kazanacak bir iş üzere idiler. Kim işini iyi yaparsa o, cennete kabul edilecek; biri doğurarak diğeri ölüp giderek kazanacak.

İşi, işveren belirledikten sonra her ne iş varsa o, 'en iyiyi, en güzeli' yapmaktır. Özü yemek içmek, keyiflenmek bile olsa, işverene itaat devam ettiği sürece yatakta yatarken Medine sokaklarında ecir devşirenlerin ecirleri gibi ecir kazanmak da vardır. İtaat ve uyum varsa yatak kazanmaya mani değil. Tat almak, lezzet bulmak ecir bulmaya mani değil. Medine Mescidi'ne getirilen hurma dolu çuvallara 'sadaka' adını veren makam, eşine tebessüm edip onu neşelendirenin yaptığına da 'sadaka' adını verdi.

Yeter ki işçi, işini bilsin, iş kurallarına bağlı kalsın.

Zaman önemli değil, mekân önemli değil.

Her yer Medine, her zaman hicret zamanı. İş aynı, işçilik aynı olduktan sonra herkes Musab, herkes Halid.

Çağ uzay çağı olmuş, dünya modern olmuş, iletişim teknolojik olmuş, doğumlar hastanelerde olmuş; iş aynı, şartlar aynı...

Cennet aynı cennet, cehennem aynı cehennem.

Yine istenen kulluk, yine tek silah sabır!

İşi kim istiyor, kim yapacak? Cevap bekleyen soru budur.

Yürüyerek Dünyadan Çıkmak

En ağır hatalardan biri olan insan öldürmeyi yüz kere işlemiş biri bile dönüş yapmaya karar verince Allah ona kapılarını açmıştı. Çünkü o, dönüşünü, yürüyerek dünyadan çıkmakla ispat etmeye hazırdı. Yollara düştü. Yürüdü de yürüdü. Melekler de onu izlediler. İyilik melekleri de izledi kötülük melekleri de. Son anına kadar hep izlendi. En vahşi işlerin sahibini, en iyi işleri yazan melekler de izledi. Eceli gelinceye kadar adımlarını kısmadı. Ecel onu yakaladığında o, hâlâ adım atıyordu. Dönüş yolunda idi. Yönü işlediği cinayetlere ters doğrultuda olduğundan doğru yolda ilerlemekteydi. Düşüverdiği yerde muhakemesi yapıldı ve aklandı. Onlarca cinayetin sahibi olarak aklandı. Temiz bir kul olarak Rabbine gitti. Yürüyerek dünyadan çıkmaya hazır olması, onu aklamıştı.

Yürüyerek içindeki rengi ispat edeni herkes merak etti. Melekler de toprak da... Ona toprak bile yardım etti. Yürüdüğü yolları kısalttı adeta. Kötü başladığı hayatı, yürüyüşü sayesinde mükemmel bitti. Kaybederek yaşayan adam, kazanarak bitirmişti. Hem de en iyiyi, en büyüğü kazanmıştı.

Bu örnek, hatalarından dönüş yapmak isteyen üzerinden verilen bir örnektir. Örneğe konu olan insan katli ise en ağır suçlardan birini temsil eder. Asıl değerlendirilmesi gereken yönü ise daha başkadır; dönüş yapan, doğrunun peşinde olan adamın, içindeki arzusunu, dönüş hamlesindeki heyecanını yansıtan gidişi önemlidir. İyilerin bulunduğu tarafa doğru, bir daha dönmemek üzere yürümesi önemlidir.

Hatadan dönenlere bu ciddiye alışı örnek olarak verebiliriz: Dönüşünde ciddi isen yürüyeceksin. Yuvarlak dünyadan yürüyerek çıkmaya, bitmez gibi dursa da uzun yollara düşmeye razı olacaksın. Bu rızan da, samimiyeti gösterecek. Sana melekler inanacak. Ölçecekler biçecekler; hangi yöne doğru olduğunu, nereye daha yakın durduğunu anlayacaklar. Yönün, kaçtığın yerin aksi, mesafen de hedeflediğin yere yakın ise kurtuluş seninledir. Meleklerin yardımı sana daha yakındır.

Bu *yürüyerek dünyadan çıkmak* sadece hatalardan dönüşteki samimiyeti gösteren bir ölçü değildir. İyi işi yapmaya talip olan, büyük sözler sarf edenler için de kural şudur: Yürüyerek dünyadan çıkmak gerekir.

Dünyada süründükçe, büyük sözlerin içini doldurmak, iş yapmak için heyecanla dolmak zordur. Bütün cazibesi ve albenisine rağmen, fitneleşen her şeyine rağmen, yürüyerek dünyadan çıkmaya hazır olanlar iş becerebilirler. Dünya onları süründürmeden onlar dünyadan yürür giderler. İyilikte samimiyetin, gayrette heyecanın ölçüsü budur. Meleklerin yardımına namzet olmak bununla mümkündür.

Seher vaktini değerlendirmek, geceyi gafillerden olmadan geçirebilmek, okuyup anlamak, bakıp görebilmek yürüyerek dünyadan çıkmaya hazır olmakla elde edilir şeylerdir.

Bedir'e yürüyenlerin, Hendek'e düşmeyenlerin, önlerine gelen en parlak dünya nimetlerini tekmeleyerek geçenlerin hız göstergesi buydu: Yürüyerek bile olsa, yuvarlak bir daireyi bile andırsa dünya yollarında salih olana doğru koşmak onların başardığı şeydi.

Önce yön belli olacak. İyilerin bulunduğu, şerden uzak olan yön tercih edilecek. Bir kere bu kesinleşecek. Yön, gidiş istikameti... Ardından yol alma tarzı belli olacak. Sürünmeden, oyalanmadan, sağı solu kollamadan hızla yol alınacak. Nefes kesmeden, esnemeden, sendelemeden yol alınacak. O zaman yollar gidilecek yere götürür. O zaman fırtınalar hız kesmez. Yürüyerek dünyadan çıkmaya hazır olmak, vakti gelince de yürümek, geçmişi düzeltmek için ideal olandır. En hızlı dönüş sistemi bu sistemdir. İş yapacaklar, yükselecekler, sadakati belgeleyecekler de yürümelidirler.

Seccadenin gösterdiği yöne, infakın çizdiği çizgiye, gözyaşının aktığı yöne doğru yürümek gerekiyor. Büyük konuşup küçük kalmamak, hayal edip avunmamak, geçmişe takılıp kalmamak, gözün gördüğü yeri değil ufkun derin çizgilerini görebilmek için!

Sevap Makineleri

İnsan, cenin olarak ana rahminde durduğu andan itibaren mükerremdir. Yaşadığı sürece bu mükerremlikle muamele görür, ölünce de mükerremliği devam eder. Hayatının her anında muhterem, el üstünde ve göz önündedir insan. Bu mükerremliği de insana, insanlardan ya da meleklerden oluşan bir kurul, bir mahkeme lütfetmemiştir. Onu yaratan, bu saygınlığı takdir ederek yaratmıştır. İnsanın saygınlığı, dirisinin ve ölüsünün el üstünde oluşu sonradan kazanılmış bir hak değil, yaratılıştan gelen, ilk babadan intikal eden fıtri bir hakikattir.

İnsana bebek hâlinde iken ilgi göstermekle, bir tür bebekleştiği ileri yaş hâline ulaştığında ilgi göstermenin adları değişik olsa da bu iki durum mantıken aynıdır. Birine 'şefkat' diğerine 'saygı' adının verilmesi, sonucu değiştirmez. Küçüğümüze şefkatli davranmak, büyüğümüze saygılı olmak bu ümmetten olmanın ilk yansıyan karakteristik yapısında vardır. İnsanın ileri yaşları itilmişlik yaşları değil, öne geçmişlik yaşlarıdır. Çünkü insan, elinin, dilinin, gücünün aktif olmasından ötürü saygın değildir ki onu güçlü yapan değerlerini yitirince saygınlığı kaybolmuş olsun. İnsan sadece insan olduğu için saygındır. İnsanlıkta da çok yıl eskitmiş olmak, yaşlanmış hâle gelmek, bir anlamda insanlıkta ilerlemiş olmaktır. Başkalarına göre on yıl, yirmi yıl ileride olmak, ileride olduğu kadar saygı görmeyi gerektirmektedir. Mantık kadar iman da bunu gerektirmektedir.

Müslüman olarak kitabımız Kur'an ve Peygamber aleyhisselam efendimizin Sünnet'i ile çerçevelenmiş hayat anlayışımızda bizi bağlayan ciddi ölçüler ve örnekler vardır.

Merhamet etmeyenin merhametten mahrum olacağı prensibi, çocuk için de yaşlı için de geçerlidir. Zira yaşlıya saygının emredilmiş olması, merhameti de içermektedir. Saygı kelimesinin ihtiva ettikleri arasında merhamet bulunmadıktan sonra saygının bir anlamı olmaz. Bu merhamet talebi veya emri, insanların önüne geçip namaz kıldıran imam efendiye bile iletilmiştir. Namaz kıldıran imamdan, arkasında namaz kılanlardan birinin ihtiyar biri olabileceği, ihtiyarın da uzun tutulan bir namazdan rahatsız olabileceği gerçeğine dikkat etmesi istenmektedir. Namaz cemaatle eda edildiğinde yaşlının hâline dikkat edilmesi gerekiyorken, ev düzeninde, aile içi ilişkilerde ihtiyarların her an düşebilecek eğreti bir değer olarak görülmesi düşünülebilir mi? Müslüman için namazdan daha değerli ne olabilir? Namazda dahi ihtiyarın özel hâline dikkat edildiğine göre ihtiyar/yaşı bizden ileri olan, öncelik hakkını ilk kullanandır.

Bir de ihtiyarlık beraberinde hastalığı getirmişse ilgi de öncelik de katlanmış demektir. Allah Teâlâ, böylelerine kendi haklarından bile ruhsatlar vermektedir. Oruçtan hacca kadar pek çok temel esasta ihtiyarlık/ileri yaşlılık muafiyet sahibi olmaktır.

Müslüman'a hayat ilkeleri belirleyen İslam'ın bir yapının tuğlaları gibi olma mantığı bunu gerektirir. Merhamet eksenli tavsiye idraki bunu gerektirir.

Bir gün önce gelmek, bir de bir kere fazla secde etmekle birleşmiş ise yani ileri yaşlı olan iman ehli ise o, başı taçlı olarak en önde durmaktadır. Ona ilgi ve hürmet, Allah'a saygının bir gereği olarak önümüzde durur. O sadece toplu taşıma araçlarında kendisine koltuk ikram edilen kişi olmaktan daha ileride bir yerde durur. Onun saygın olması için uygun düşen ne varsa onun hakkıdır o. O hak da ona Rabbi tarafından verilmiştir; kimsenin ihsanı değildir bu hak. Yaşlıya alaka, insanın kendisine alakasıdır. Yaşlıya ikram, onu önde ve üstte tutma idraki; İslam'ı bilmek, onu idrak ederek yaşamaktır. Onlar adeta bizim adımıza çalışan sevap makineleridir. Zira nereden bakılırsa bakılsın, hangi açıdan ele alınırsa alınsın, onlar bizim için çalışmaktadırlar.

Bu kurallar ileri yaşa ermişler içindir ama anne baba için geçerli değildir.

Anne baba, ileri yaşta olmasalar bile Allah'a imandan sonra gelmektedir. Bir de yaşlarının ilerlediğini, saçlarına ak düştüğünü gördük mü, artık onlar için sevap makinesi demek de gerçeği ifade etmeyecektir. Onlar sevabın ve azabın ta kendisidirler. Onlar bir kere yaşlanmaya görsünler; cennetin ve cehennemin ta kendisi olurlar.

Cenneti isteyen ve cehennemden korkan için yaşlı anne ve baba yeter. Onların ak saçlarına bakıp cenneti göremeyen, onların öfkesinden cehennem kıvılcımlarını anlayamayan, İslam'dan pek bir şey anlamamıştır.

Dünya Küçüldükçe Büyümek

Ekonomi, kültür ve enformasyon alanlarında dünya 'globalleşme' adı verilen bir süreçte küçülüp durmaktadır. Bir kıtadan diğer kıtaya ulaşmak, bir köyden diğerine ulaşmak kadar kolay ve çabuk oldu. Bu gelişmenin nimet olan yönünü elbette takdir ederiz. Hatta bunu, Rabbimize hamd edeceğimiz bir gelişme olarak görürüz. İnsan olarak yaşama imkânlarımızın kolaylaşması, ibadet hayatımız dâhil her noktada daha mükemmel bir hayata kavuşmamızı getirmiş olabilir.

Bu bir nimettir ve her nimet gibi şükrü gerektirir. Ancak bahçemizde biten bu çiçeğin de dikeni olabileceğini dikkatimizden kaçırmamalıyız. Çiçekleri dikenleriyle değerlendirebildiğimiz zaman onlardan yararlanma oranımız da yüksek olacaktır. Meseleyi sadece hacca giden bir mü'minin ailesiyle çok rahat bağlantı kurması, Mekke'de kılınan namazları canlı olarak oturduğumuz yerden izleme olarak göremeyiz. Kablolu veya kablosuz imkânlarla bütün dünya kültürlerinin evimizin içine dalması bu denli kolay izah edilebilecek bir gelişme değildir.

Ekonominin kâğıt üzerinden ya da tuşlarla yürütülmesini nihayetinde izlemeye mecburuz. Ekonomi üzerindeki endişelerimiz, mü'min olarak dikkat etmeye mecbur olduğumuz hassasiyetlerimiz, tuşlara basılarak kazanılan para ortamında nasıl seyretmektedir? Bir faiz fitnesi, küçülen bu dünya ortamında bizi etkilemiş midir? Dünya büyüsün veya küçülsün, akidemiz ve ayaklarımız sabit kalmalıdır. Müslümanlar olarak akidemizde tereddütler yaşamamız, başkalarının inançlarını akidemizden bir parça gibi konuşup mütalaa edebilmemiz durumunda dünya bizim üzerimizde küçülme göstermiş olacaktır. Hâlbuki biz, dünyanın bir köy haline gelmesi durumunda bile akidemizde ve amelimizde bir değişme göstermemeliydik. Zamanın ve şartların yıpratamadığı iman, sahibinin imtihan kazanabildiği bir imandır.

İman dairesi dışında kalan kitlelerle bağımız, onların taklit edilmeleri gibi bizi içimizden güçsüz kılacak, farklarımızı eritecek hastalıklar da dünya küçüldükçe önümüze çıkabilecektir. Kültürel etkinlik sonuç olarak din propagandasına dönüştüğünde kaybeden taraf olabiliriz.

Ahlâk ve faziletin erimesi, ahlâksızlığın tepkisiz kalması, münker işleme yaşının aşağılara doğru düşmesi gibi mü'min açısından rahatsız edici sonuçların düşündürmesi gerekmektedir. Haramlara karşı ölçülerini koruyamayan Müslüman bir toplumun İslam iddiası hayatta yankı bulmakta zorlanacaktır. Farzların icrasından önce haramlardan sakınılması temel ilkelerimizden biri olduğuna göre, ailelerimizin ve eğitmekle, korumakla mükellef olduklarımızın bilgilendirilmesi, eğitilmesi alanlarında, öncelikle bize ait olmayan fırtınalardan muhafaza edilmesini zorunlu hale getirmektedir.

İmanî kimliğimizi koruma ve başkalarına tebliğ etmede globalleşmenin üzerimize yüklediği hassasiyetler arasında din ve dine ait eğitimi, tebliği küçülen dünyanın şartlarına uygun yapma hassasiyeti de vardır. Bu süreçte, yüksek kültürlü ile sokaktan birine, büyükle küçüğe, kadınla erkeğe aynı dili kullanabilen kalıplara girilebilmektedir. Futbol gibi herkesin anlayabildiği bir dil, kitlelere hükmedebilmektedir. Bize ait kavramları eritmeden ama ortak bir dil kullanarak tebliğ yapabilmek, eğitime bu düzeyi kazandırmak, küçülen dünyada büyük kalmayı isteyenlerin hedefi olmalıdır.

Diğer yandan da külfetsiz ulaşılabilen araçlar kullanılmalıdır. Çünkü şerrin hem kullandığı dil herkesin anladığı dildir hem de külfetsiz ya da külfeti düşük bir şekilde insanlara ulaşmaktadır. Öyle bir ortamda insanlar için pahalı bir alternatif, din de olsa çekici değildir. Külfetsiz ve kullanımı kolay alternatifler, küçülen dünyanın getirdiği seçeneklerdendir.

Evet, globalleşme kendi kurallarını koymakta ve herkesi o kurallara göre işini yürütmeye mecbur etmektedir. Fakat biz bunu özür olarak kullanamayız. Yokluk dönemindeki mü'minlerin, yokluğu bir özür olarak kullanıp dinlerine hizmetten geri kalamadıkları gibi biz de köyleşen dünyada, kuralları bizim koyamadığımızı ileri süremeyeceğiz. İmkânsızlıklar içinde iş üretebilmek, dinimizi yaşamak bizim imtihanımızdır. Bizden öncekiler bu imtihanı farklı bir şekilde yaşadıkları gibi bizden sonrakiler de daha farklı bir imtihan yaşayacaklardır elbette.

Değişmeye müsait kurallarımız zaten değişebilmektedir. Ama sabit değerlerimize hiçbir zarar vermeden, küçülen dünyada büyük kalmak, sinyaller arasında kendi tebliğimizi yapabilmek cihat ise cihadımızdır, ibadet ise ibadetimizdir.

Küçülen dünyada kaybolmamak ise bizim için iyi bir hedef değildir. Asıl hedefimiz, küçülen dünyada büyümek olmalıdır. Dünyanın küçülmesini, bir köye dönüşmesini nimete çevirmek ancak böyle mümkün olacaktır.

Alt Yapın Güçlü Olsun

Mü'min insan, sıradan şeyler dinleyen biri değildir. Gözünün önündeki her şeyi gören bir gözü de yoktur. Filtreli bir kulağı, filtreli bir gözü vardır. Dili zaten kelimelerden önce harfleri seçerek kullanan bir dildir. Herkes gibi dinleyen, herkes gibi gören ve herkes gibi konuşan bir insan için 'mü'min insan' kimliği büyük düşer. Mü'minin mü'minliği, kullandığı organlarından izlenebilir. Mü'min, iş yapar. Yaptığı işi de Allah görsün, Resûlü görsün, mü'minler görsün diye yapar.

Gözün, kulağın ve dilin işe yarar şeyleri seçip kullanabilmesi mü'min kalitesinin gereğidir. Bu kalite ise kuru bir temenni değildir. İçi doldurulmuş, alt yapısı oluşturulmuş bir beklentinin peşinde olabilir mü'min. Küçük dallara konmuş büyük kuş, tabii bir görüntü değildir. Mü'min genç, bakışlarının, sözlerinin kalitesini göze ve dile yön veren kaynağındaki kaliteden alır. Göze ve dile enerji veren kaynağı yüksek enerji ile beslediği için basiretli bakar, hikmetli konuşur. Tefekkürü derin olduğu için vasıflı sözler sarf eder. Kulağı filtreli olduğu için giren her söz, beyne ulaşıp gerekli gereksiz bir gündem oluşturamaz.

Mü'min gencin kaynağı Kur'an'dır, Kur'an'ın şerhi olan Sünnet'tir. Bu iki kaynaktan beslenir. Bu iki kaynaktan beslenmişleri örnek alır. Kâinat kitabı olan Kur'an'dan beslendiği için de bir köşeye sıkışmış gündemlerin peşinde olmaz. Günübirlik konulara takılıp kalmaz. O, olayların içinde yoğrulup kaybolmuş cılız yüreklilerden değildir. Olaylar onu sürükleyemez. Bilakis olaylar ne denli yoğun ve ağır olursa olsun, ezilmeden büzülmeden yaşar o. Ağaç yaprağı gibi her rüzgârda savrulamaz. Sabırla ve sebatla yol alır. Sabırsız bir adım gidilemeyeceğini, sebat etmesinin onun için hayatı kadar önemli olduğunu bilir. Bu bilgi ile de ayakta kalır.

Mü'min insanın alt yapısı farklı olduğu için ne zenginlik onu şımartır ne de fakirlik kasıp kavurur. Fani dünyanın fani bir insanı olarak her iki durumun da bir imtihan olduğu şuuru ile yaşar. İnsanların renklerine, kimliklerine, hâllerine takılıp kalmaz. Kışın soğuğu, yazın sıcağı ona karakter değiştirtmez. Mevsimlerin etkisinde ömür bitirmez. Toprak farkı ona yansımaz. Onun yönü tektir; yeryüzünün her yerinden yöneleceği yön bellidir.

İnsanlara bakan gözünün kaynağında onun alt yapısı olan Kur'an ve Sünnet vardır. Anne babayı o gözle görür. Kardeş ve arkadaşı o göz seçer. Çevresini o göz oluşturur. İyi ve kötü kararını bu gözle oluşturur. Severken ve nefret ederken ona yön veren bu alt yapısıdır. Malını harcarken, mal kazanırken aynı kaynaktan beslenir. İş seçerken, işçi alırken, işveren bulurken onun filtresi gözündedir, kulağındadır, dilindedir.

Kur'an'ımızın alt yapısını oluşturduğu bir aklın gündemi, sıradan haberler olamaz. Futbol yorumuna vakti olmaz o aklın. Ajansların yönlendirdiği bilgilerin esiri olarak gün geçiremez.

Alt yapısı Kur'an olan mü'min, evlenmeyi ev sahibi olmak şeklinde anlamaz. Evlenmeyi, kulluğun en özel gündemi olarak görür. Evlenerek, kendisine cennet arkadaşı seçer. Dünya lezzetlerinin içinden cennet lezzetleri oluşturmak için nikâh yapar. Evlenmeyi mobilya sahibi olmak, betonların içinde köşe bucak edinmek olarak anlamaz. Evlenmeyi, evlenmenin getirdiği çevreyi ve sorunları aşılması gereken bir imtihan, o imtihanı da cennet sebeplerinden biri olarak anlar. Bu anlayışının bedeli olarak da her türlü cefaya sabretmeye hazırdır.

Alt yapısı Kur'an olan mü'min, dünyayı Allah'ın mülkü olarak görür. Allah'ın mülkünde kimsenin hükümran olamayacağını, kendilerini hükümran zannedenlerin geçici bir rol sahipleri olduklarını anlar. Yılmaz, yorulmaz. Çalışır, çalıştırır. Ufuklara bakar, derinleri ve dehlizleri görmeye çalışır.

İbadetinden lezzet alır. Namazda huzuru bulur. Kur'an'da ahengi yakalar. İnsanları, Allah'ın kulları olarak görür. Hor görmez, kimseye tapınmaz.

Umut doludur; yarınları, Allah'ın kudretinin hükmü ile gerçekleşecek güzel günlerle dolu görür. Cennet özlemini gözünde tüttürür. Bu uğurda acılar, sıkıntılar gözünde büyümez.

Alt yapısı Kur'an olan koca dağlar gibidir; üzerinden geçen çetin kışlar, kavurucu sıcaklar onu eskitmez. Kış geçer, yaz geçer; o yine o dağdır.

Bu Ümmet

Bu ümmet, insanlık için çıkarılmış bir ümmettir. Hayırlı olmasının mantığı da, insanlık için çıkarılmış olmasından gelmektedir. Bu ümmet hayırlı bir ümmettir. İnsanlığın 'insanlığı' bu ümmetin özündedir. Allah'ın yaratma kanunu böyle tecelli etmiştir. Bu ümmet, o yaratma kanununun gereği ne ise onunla yaşayacaktır. İnsanlık için çıkarılmış olmak, insandaki bütün sonuçları barındırmaktır. Hayır görünenler de şer görünenler de insan için olduktan sonra, insanlık için çıkarılmış bir ümmetin gündemi olacaktır elbette.

Tuzdan ya da şekerden arındırılmış bir gıda ancak olağanüstü durumlarda olabilir. Gıda, tuzu ile şekeri ile vardır. Kışından ya da yazından arındırılmış bir hayat da kutuplarda olabilir. Kutuplardan ortalara doğru yaklaşıldıkça hayat, kışı ve yazı ile vardır. Sadece erkeklerin yaşadığı ya da sadece kadınların yaşadığı bir insanlık da olamaz. Ne tek başına beyaz ne de tek başına siyah, renkleri oluşturabilir; siyahla beyazın beraber bulunduğu bir katalogda renkten söz edilebilir.

Bu ümmet, insanlık için çıkarılmış hayırlı bir ümmettir. Dertleriyle, açmaz gibi duran sorunlarıyla var olmuştur. Var olmaya devam etmesi de o tarzı ile devam edecektir. Dertsizlik diyarı cennettir. Dünya ise dertlerin ormanlaştığı yerdir. Cenneti cennet gibi, dünyayı da dünya gibi göremeyenler için dünya, katlanılamaz bir yere dönüşebilir. Hakikatler acı da olsa kabul edilmelidir.

Biz buyuz, ümmetimiz böyle bir ümmettir. Bize vaat edilen hayat tarzı da aynıyla böyledir. Kur'an, pek çok açıdan sınanacağımızı beyan eden âyetlerle doludur. Mülk Allah'ındır. Biz de O'nun kullarıyız. Bizim için belirlenmiş kaderi de Allah belirlemiştir. Biz, bizim için belirleneni sahiplenmenin ötesinde ne yapabiliriz ki? Dertlerimizi sayıp durmak, dertlerimize ağıt yakmak bizim işimiz değildir. Bir geceden öbür geceye geçer gibi, bir sıkıntıdan öbürüne geçebildiğimiz zaman imtihan takvimimizi işletebildiğimizi söyleyebileceğiz. Peygamberlerden sıradan kullarına kadar Allah Teâlâ her kuluna bunu uygulamıştır. Bu ümmet de o programın özüdür. İnsanlığın ihyası, yeryüzünde Allah'ın insan yaratma maksadının tecellisi böyle gerçekleşecektir. İnsanlık Muhammed Ümmeti'nde dirilecekse eğer, Muhammed Ümmeti de insanlık kadar büyük ve karmaşık sıkıntılarla yüzleşecektir.

Bir insanın yaşaması karanlığına rağmen geceyi kabul etmesini gerektirir. Karanlıktan ürkenin hayatı olamaz. Sadece gündüzleri olan bir hayat düşünülemez.

Mü'minler de, Allah'ın onlar için yazdığı kaderi yaşamaya mecburdurlar. Zaferleri olan ama acısı olmayan bir savaşın mücahitleri olamazlar. Öyle bir cihat ve öyle bir mücahitlik kimseye sunulmamıştır. Yol budur, hayat böyledir. Vaat de budur. Cehennem âyetleri ile cennet âyetlerinin yan yana olmasının yorumu budur. Biberden bile lezzet alabilme idraki budur. Ölümün ta kendisi olan şehadeti özleme seviyesinde temenni sahibi olabilmenin sonucu budur. Kulluğun özü budur.

Yıllar boyu süren geceleri, yıllarca yaşamanın doğal ve zorunlu gereği olarak gördüğü gibi insanın, her gün bir sıkıntı, her an bir olay gördüğün dünyada yaşamayı da yıllar boyu artan bir tempo ile 'insanlık için çıkarılmış ümmet' olmanın sonucu olarak görmek gerekir. Hem bütün insanlığın umudu olmak, insanlık limanındaki son gemi olmak hem de insan sayısı kadar derde hazır olmamak çelişkidir. Neyin neden adlandırıldığını anlayamamaktır.

Âlemleri kuşatan bir daireye Peygamber olarak gönderilen Muhammed aleyhisselamın peygamberliği bütün âlemlere rahmet olmuştur. Onun âlemleri kuşatan rahmetinin âlemler kadar meşakkat getirmesi neredeyse şarttır. O, âlemler kadar rahmet getirdi, âlemler dolusu sorunlar, dertler içinde o rahmetini yaydı. Onun ümmetinin kapasitesi, bütün âlemler düzeyinde oldukça sıkıntıları da evren boyu olacaktır elbette. Rahmeti âlemler boyu görüp, rahmetin tabii sonucu olan sıkıntıları köyümüz, kasabamız düzeyinde göremeyiz. Bilememek olur böyle bir anlayış; neyin neden yapıldığını bilememek olur. Ümmet nedir, insanlık nedir, dünya nedir bilememek olur. Bedelin cennet olmasının sırrını idrak edememek olur.

Hiçbir sıkıntı yoktur, her şey ortada ve gayet açıktır:

Bütün insanlık için çıkarılmış bir ümmetiz.

İnsanlık kadar yoğun ve ağır dertlerimizin olması tabiidir.

Mevsimlik değiliz, yöresel değiliz. Güneşin aydınlatmaya devam ettiği her gün bizim günümüzdür, güneşin ışınlarını alan her yer bizimdir.

Bütün zamanlarda ve bütün mekânlarda dertlerimizin olması, okların daima bizi göstermesi de bizim, 'insanlığı bağrımızda bulundurmamızdan' ve bizden başka bir insanlık kalmadığındandır. Cennette başlayan bir savaşın bugünkü savaşçılarıyız. Bugünün cephe bekçileri biziz. Ve son bekçileriz. Binlerce yılın birikimini üzerimize çekmiş olabiliriz. Binlerce yılın hasretini de biz dillendiriyoruz. Biz, Ümmet-i Muhammed'iz. İnsanlık için çıkarıldık.

Dünya Bir Okuldur

Okumayı bilen için, neyi okuyacağını anlamış olan için dünya bir okuldur.

En iyi okul da dünyadır. Gökleri ders tahtası, toprağı defter, ağaçları kalem gibidir. Okuyabilene, yazabilene de denizler mürekkeptir. Rüzgârı kelimeler üfürür, yağmuru harf harf damlar, soğuğu sıcağı dilleri çözer. Anlayana konuşur durur dünya, anlamayana bile etki eder. Hep derstir dünyadakiler. Kendisi de içindekiler de derstir anlayana. Okuldur dünya; içindeki insanlar ve cinler için. O okula devam eder durur yaşayan herkes. Sonunda da diploma verilir her talebesine; kim ne kadar neyi okudu ise onun belgesini alır. Cahili ile bileni ile herkesin elinde bir belgesi olur sonunda; kimine sağından kimine de solundan verilir belge ama herkesin muhakkak bir belgesi olur. O belgede, dünya okulunda geçirdiği günler, aldığı nefesler, konuştuğu sözler, dinlediği şeyler hiç biri unutulmamış, irili ufaklı hepsi kaydedilmiş olarak önüne konur. Sonra da hesabı sorulur. Her dünyalı, dünyadaki okul yıllarının esefini yaşar muhakkak. Kimi, heba ettiklerine, kimi de daha iyi bir durumda olmayışına yanar durur.

Dünya, okunacak, dersi görülecek şeylerle doludur.

Gecesi de gündüzü de okunur şeyler getirir. Gecenin karanlığında satır satır geleceğini okuyup anlayan kulları olur Allah'ın. Gündüze yayıldığında da insanlar büyük bir kitaba dalarlar. Okuyabilen okur, okuyamayanlar ise kaybolup giderler, kâh gecenin kararttıklarında kâh gündüzün kamaştırdıklarında. Herkes talebe bu dünyada, her yer de okul; vadiler, ovalar, dağlar, yamaçlar o büyük okulun koca koca sınıfları gibidir.

Her ağacın altında okunacak çok şeyler vardır.

Yapraklarından dallarına kadar ağaçlar destanlar öğretir insanlara. Hem öğretir hem besler. Üşüyeni ısıtır, terleyeni gölgeler. Sonra da gölgesindekini de ısısındakini de büyük bir hesaba doğru sevk eder. Anlayan anlar dersini, anlamayan da ağaçlaşan yüreği ile odun olur kalır.

Derelerin sesi gürül gürül bilgi getirir.

Güneşin ışınlarında gözü kamaştıran bilgiler okunur.

Çocuk doğuran anneler, doğan çocuklar, doğup büyüyenler, büyüyüp çökenler sonra da ölüp gidenler, mezarlarının üzerine anıtlar dikilip duranlar, adı şanı unutulup gidenler, herkes o büyük okulun koca ders kitabında bir satır gibi yazılmış notlardır. Bebeklerin minik alınlarında okuyabilen okur o yazıları. İhtiyarların buruşmuş alın çizgilerinde okuyan okur. Viraneye dönmüş şehirlerin yerine kurulan yüksek yüksek binalı şehirlerin her taşında yazar o yazılar.

Okuyabilene, anlayabilene ve anladığını uygulayabilene derslerle dolu bir dünyada yaşar gideriz. Biz ve bizden öncekiler, bizden sonrakiler; herkes okur durur bu dünyayı.

Koca dünyayı okuyamayan için, dünyanın bir köşesinde dört duvarla çevrili bir binanın adına okul deseler ne olur?

Sonra da o adına okul denen binada birkaç sayfalık defterlere notlar düşülse, birkaç formalık kitaplar okunuverse, ne ile ne karşılaştırılacak ki, o binadakileri okuyana da okudu ve anladı diye belge verilsin?

Okumak için dünya yeterlidir.

Okunacak en iyi bilgiler, en büyük hakikatler dünyada vardır. Dünya koca bir kitap, insan ise en tabii öğrenci, zaman da ders zamanıdır.

Binalara hapsolmadan, ders ziline bağlanmadan okumak gerek. Sayfa çevirdikçe yıl geçer, kitap değiştirdikçe kıtadan kıtaya atlanır; budur gerçek, bunlardır büyük okulun zinde talebeleri.

Öğretmeni büyük, öğrencisi değerli, zamanı tekrarsız dünyanın okunacak çok şeyi vardır. Gecesi okunur, gündüzü okunur, ağacı okunur, hayatı okunur, ölümü okunur, sabrı okunur, sebatı okunur, ailesi okunur, soğuğu okunur, sıcağı okunur, dünü okunur, yarını okunur.

Okunacak çok şey var şu açık alanlarda, yüksek dağlarda, düz vadilerde.

Kim okuyacak ve ne zaman okuyacak ise herkese göre farklıdır. Ama okuyan için dünya bir okuldur. Diploması da geçerli tek diplomadır.

Eni Boyu İle Dünya

Elhamdülillah mü'miniz. Mü'min olduğumuz için de gördüğümüz ve göremediğimiz her şeye imanımızın gereği gibi bakıyoruz. Gözümüz beyaz görse de imanımızın kara dediğini kara olarak biliyoruz. Üzerinde bulunduğumuz dünyaya bakışımız da böyledir. Sevgili Peygamber aleyhisselam efendimiz dünyayı, 'bir sinek kanadı kadar' dahi değeri yok olan bir isim olarak önümüze koydu. Şu kadar metre kare arsası filan yerde servet ediyor olsa da bizim için dünya, sinek kanadı ile tartılacak kadar basittir. Böyle iman ettik, böyle bir imanla Rabbimizin huzuruna çıkmak istiyoruz.

Dünyanın bu değersizliği, iman ettiğimiz için şaşmaz bir kural olduğu kadar, onun süre gelen gerçeği de bunu doğrular. Faniliği onu değersizleştirmektedir. Kendisi de fanidir, üzerindeki herkes ve her şey de fanidir. Ne kendisi kalıcıdır ne de üzerindeki bir canlıya kalıcılık vermektedir. Huysuz bir binek hayvanı gibi ne zaman tepinip üzerindekini atacağı belli değil. Çiçeği solan bir dünyada yaşıyoruz. Suyu kuruyan, sıcağı kavuran, soğuğu üşüten dünyamız var. Çalışmayanı doyurmuyor, doyurduğunu korumuyor. Hastalığı salgın, tehlikesi yaygın bir dünyamız var. Uyumayana yar olmaz, uyuyanına göz kırpmaz bir dünya. Bulut gibi yürür üstümüzden; gölgeler, ıslatır ama bildiğini yapar. Bulutu alıp götüremediğin gibi onu da avucuna alıp götüremezsin.

Altında barındırdığı ölüleri, üzerinde yürüttüğü dirilerden kim bilir kaç kat fazladır.

Üzüp perişan ettikleri de kim bilir sevindirip güldürdüklerinden ne kadar fazladır. Hesabı bile tutulamaz işler olup bitti bu dünyada. Gecelerin karanlıklarında kaybolanlar oldu. Çöllerinde yanıp gidenler oldu.

Uçsuz bucaksız görünür, öyle görünürken de kimseye bir mezar yerinden fazlasını vermez. Döner ve döndürür. Aldatır, solar, çürür, ezilir, kaybolur. Adı bile kendini gösterir; kısacık ve düşük yer. Bir kişiye çok, iki kişiye az gelir.

Nimetlerle doludur dünya ama her nimet, sonra hesabı sorulmak için vardır. Elde edilirken çalıştırır yorar. Elde ettikten sonra da hesap sordurur. Bir bardak su içsen suyundan, hesabı sorulur. Bir incirini yesen ağacının dalından, o bile hesap yerine gelir. Hatta bir nefes hava çeksen ikliminden, o havanın da hesabı olur. Ne emeksiz gelir ne de hesapsız sende kalabilir nimetlerle doludur.

Bunun için de dünya, gözümüzü kamaştıran onca değerine rağmen bir sinek kanadı kadar hafif ve değersizdir. Yaratanının hesabında değersizdir. Kulların binlerce yıllık tecrübesi de bunu göstermiştir. Okyanusları ne kadar çok su ihtiva ederse etsin, ovaları ne kadar geniş olursa olsun, dağları ne kadar yüksek olursa olsun kesin gerçek budur: Değersiz ve geçici. Kimseye yar olmaz, kimsede kalmaz bir dünyadır bu.

Böyle iman ettik. Böyle görüyoruz da zaten.

İman etmemiz gereken bir gerçek daha var: Dünya, bizim için imtihan olsun diye böyle yaratıldı. Ortada bir tesadüf yoktur. Rabbimiz, bile bile böyle yarattı. Kullarından kimin neyi nasıl kavrayacağını görmeyi murat etti de önümüzdeki manzara böyle oldu. Sinek kanadı ile tartılan bir dünyadan 'hiçbir gözün görmediği, hiçbir aklın hayal edemediği' bir cennete gidelim istedi. Faniden ebedîyi çıkarmamızı istedi. Uykusuz gecelerden ebedî istirahatleri, gözyaşı ve eseflerden sonsuz tebessümleri, fani dost ve dostluklardan asla ayrılmanın olmayacağı muhabbetleri üretmemizi istedi.

Biz, önümüzdeki bu dünyayı sinek kanadı ile ölçeriz ama dağ ağırlığında kullanılabilecek rakamları kullanırız. Para etmezden paha biçilmez değerler üretiriz. İmanımız, dünyayı cennetlerin bedeli olabilecek bir sinek kanadı olarak görmemizi emreder bize. Değersiz ama değerlinin zeminidir o. Hiçtir ama her şey onunla elde edilecektir. Fanidir ebedîliğin kapısı olacaktır.

Bir denklem üzerinden dünya hesabı yapacağız:

Biz onun için değiliz, o bizim içindir.

Ne varsa dünyada bizim olsun isteriz ama dünyalığı yüreğimize gömmeyiz.

'Benim' diyeceğim şey, benim elimde duran şey demektir. Benliğimi oluşturacak şeye 'benim varlığım' demem.

Ben emanetim burada, elimde zannettiklerim zaten emanet.

Dünya kendisi fani, üzerinden nasıl baki kalınır ki?

Dünya ağır bir imtihandır. Onun enini boyunu ölçemeyenler için o imtihan kat kat ağır olur. İyi ölçüp iyi biçtikten sonra bir cennettir bu dünya.

İnsanlığı Özlüyoruz

Babamız Âdem aleyhisselamın geldiği dünya bugünkü dünya değildi şüphesiz. Onun kullandığı torak bugün artık buğday üretecek durumda değildir. Onun kullandığı su da filtre edilmeden içilemez oldu. Onu kuşatan hava tabakası zehirlendi. Onun doğurduğu çocuklar da bugün doğmadan aşı yapılması gerekecek kadar hastalıklı hâle geldi. Ne toprak o zamanki toprak ne de su, o zamanki sudur. Dünkü dünya yoktur. Dünkü insan da yoktur. Gıda beslemez, beslese de ilave dertler üretir olmuştur.

İnsanız, insanlığı özlüyoruz.

Bugünkü yüksek binalarda evleri olmayan insanları, güneşin altında tarlalarda çalışmaktan başka karnını doyurma imkânı olmayan çiftçileri özlüyoruz. Evlerine borularla su nakledemeyen ama avuçlarıyla içtiği suyu mikropsuz olan insanların dönemindeki sadeliği merak ediyoruz. Toprağın, suyun, havanın ve insanın ilk hâlini tam anlamıyla merak ediyoruz.

Tabiatın içinde tabii kalmış hayatı merak ediyoruz.

İnsanları karşısına alıp babanın çocuğu ile konuştuğu sadelik ve samimilikte konuşan peygamberlerin konuşmasını merak ediyoruz. Onlara insanî denmeyecek üslupla karşılık veren muhataplarına, aynı nezaketle alaka göstermeye devam eden o örnek insanlardaki tabiilik acaba onlarla beraber mezarlarına mı gömülmüştür? İnsanların ülke ülke dolaşıp yabancı dil öğrenmeden beden dilleri ile birbirini anladıkları zamanların saflığını bir film sahnesinde de olsa görebilmek ne güzel bir duygudur.

Her caddenin başında bir hazır giyim mağazası olmadan yaşanan hayatta insanların nasıl giyindiklerini, kendilerini sıcak ve soğuğa karşı nasıl koruduklarını merak etmiyor değiliz. O zaman kar yağmaz mı idi, iklim soğumaz, güneş yakmaz mı idi? Klimasız, kalorifersiz nasıl yaşayabildi o insanlar? Biz mi kaybettik onlar mı bulamamışlardı hayatın ahengini?

Doğallığını yitirmiş hayatın insanları olarak kimseyi kınayabilecek durumda değiliz. Kendi ellerimizle bozduk bu düzeni. Kınayacaksak eğer ihtirasımızı, nefislerimize esaretimizi kınayabiliriz. Bir yandan tabiilik özlemimizi dillendirirken diğer yandan da sunileşmeye yatırım yapan anlayışımızı ayıplayabiliriz. Beton sempatimizi, ambalajsızı yemeyen iştahımızı, başkalarının avucuna ve sofrasına bakmaktan geri kalmayan gözümüzü kınayabiliriz. Teknoloji takıntımızı yerebiliriz.

Her şey bir yana da ibadette bile tabiiliği kaybeden seyrimiz ibretliktir doğrusu. İbadetleri bile teknolojinin esareti ile yönlenmiş hayat tarzımıza uydurduk ya, bu kadar olur. Tespihi makine ile sayabiliriz artık. Namazlarımızı da jimnastik aletlerinin yardımı ile kılarız. Oruç hapı icat edip onunla da açlığı önleyebiliriz. Haccı da zaten teknolojiye yaptırdık. Bize ise ne kaldı ibadetlerden diye geri dönüp baktığımızda sadece bir ihlâs sıkıntısı gözümüze çarpacaktır. Camiler müze gibi oldu. Sesler ağızdan kulağa girmeye fırsat bulamıyor. Cihazdan cihaza giren seslerle zikir yapıyoruz, fikir oluşturmaya çalışıyoruz. Garip bir yolculuğa dönüştü işimiz.

Toprağı, suyu, havası ve insanı ile dünya tabiiliğini kaybetmiş olabilir. İnsanlar ekonomik ölçülerle ilişki kuruyor olabilirler. Kimsenin umudu kalmamış, herkes bir son bekliyor olabilir. Rakamlar kötü bir gidişi gösteriyor olabilir. Evliliklerin ve evlerin anlamı yitirilmiş olabilir. Ekmek zehir ihtiva ediyor olabilir. Gıda değer yitirmiş duruma gelebilir. Haber bültenleri facialarla dolu olabilir. Artık dünya, o bilinen dünya olmayabilir. Bütün insanlar böyle inanıyor, böyle uyguluyor diye bir kanaat da oluşabilir. Deniz bitti, yol sona erdi diye kaos oluşturulabilir. Son durum bu olsa da, bizim için gerçek bu değildir. Biz mü'miniz, tapınmadığımız bu dünya ve hayatını cennete istasyonumuz olarak görürüz. Suyu kirlenmiş, toprağı ölmüş olsa da bizim için hayat, ilk sadeliği ile devam eder. Biz kendi dünyamızı kurarız.

Evlerimiz ve mü'min kardeş çevremizle yeni bir dünya kurabiliriz. Tabii ortamlar geliştirebiliriz. Benim gördüğüm ve hissettiğim ise hayat denen şey, görmek ve hissetmek istediklerimde oluşan küçük bir dünyacık kurmak mümkündür. Eşlerden ve çocuklardan oluşan küçük bir dünya olabilir. Kendi havamızı, kendi suyumuzu, kendi toprağımızı üretebiliriz orada.

Olmaz diye bir şey yoktur.

İsteyen ve hisseden ben olacaksam bu mümkündür. İstek ve hislerimi kaybetti isem ya da onları da başkaları bana verecekse o zaman yol bitmiş demektir. Zaten kaybettiğimiz de o değil midir? Ne istiyoruz ve kimden istiyoruz?

İz Bırak da Git

İnsan yürür, oturur, yer, içer; yaratılışının el verdiği pek çok işi yapar. Mü'min insan da aynı işleri yapar; o da yürür, oturur, yer, içer. Allah'ın ihsanı olan kabiliyetlerini kullanır ikisi de. İnsan ile mü'min insan arasında, insan olma bakımından fark yoktur elbette. Aynı organları kullanırlar, aynı nimetleri tüketirler, aynı çevrede yaşarlar. Dışarıdan izleyenler için sağ el ve sol el gibi durur 'insan' ile 'mü'min insan.' Gerçek ise öyle değildir. İnsanın ismine ilave edilen 'mü'minlik' vasfı onu bambaşka yapar.

Mü'min insan, izi okunan insandır. Yürüdüğü yollar, onun varlığında da onun ardından da nereye gidileceğini gösterebilen izlerle doludur. Bastığı yere basan, kendisini mutlu edecek sonlara doğru yürür. Çilesinde bile lezzet bulunan yürüyüşleri yansıtır onun yürüyüşü.

Tebessümünden endişesine kadar, insan olarak üzerinde izlenen tavırları destan gibidir. Çilesini ve neşesini aynı kıvamda değerlendirebilirsin; yorulduğunu hissettirmez sana. Gecesinde gündüzün hazırlığı olur, gündüzü de gecesini kovalar durur. Gözünün bakış açısı pek geniştir; öteleri görür, ileriye sarkar. Rengârenk âlemde renk körü gibi bakmaz. Farklılıkları görür, farkı hisseder. Önünü ve önüne konanı görebilen daraltılmış alan onun için zindandır. O hür yüreklidir, hür düşünür, hür bakar, hür yaşar. Nefsinin istekleri, çevresinin etkisi altında putlaşmış eşyayı aşar. Yarınları, öteler ötesinin hesaplandığı dünyaları planlar. Hayallere yön veren, hayalleri hayal ettiren ufuklar açar. Açtığı ufkunda kendisi ve onu izleyebilenler için derin âlemler vardır.

Konuşurken dilinden dökülenler, kelime kelime dünü ve yarını gösterir. Rabbinin razı olacağı sözlerle çevrilmiş bir alanda konuştuğu için göklerde ve yerde beğenilenler listesi gibidir sözleri. O, dün konuşmuştur; bugün ve yarın canlıdır konuştuğu şeyler. Eskimez, yitirilmez sözlerle dizilmiştir destanı. Üzmez, incitmez sözler duyulur ondan. Faninin eseri ama ebedîlik değeri taşıyan sözlerdir.

Allah'ın kulu olarak o, Allah'ın bütün nimetlerine taliptir. Her nimeti adeta kendisi için özel yaratılmış bilir ve görür. Her nimeti, adresine özellikle gönderilmiş bildiği için de ondan istifade eder ama nimetin içinde eriyip gitmez; kendisini nimete nimet etmeden istifade eder ondan. İnsanın mükerremliğini, mü'minin farkını unutmaz hiçbir zaman.

Ona gelen nimet bir arkadaş olduğu zaman onu kıymetlendirir. Mü'min kardeşlerini ve aralarındaki kardeşliği muhteşem bir nimet olarak ihya eder. Kardeşleri ile kanatlanmış gibi bir hayat yaşar.

Teknoloji olduğunda nimetin adı, onu da alır ve nimet hazinesine koyar. İstifade eder, istifade ettirir. Üzerinde o nimetin etkisi görülür. Nimet tüketen insan olma düzeyinden, nimetleri yeni nimetlere dönüştüren yüksek bakışın sahibidir o.

Konuşurken, yazarken, yürürken ona nimet olarak ihsan edilen her şey onun elinde bir yeniliktir. Daha güzel konuşmasına, en iyiyi yazmasına, hedefli yürümesine yardım eder. Sabrını artırır, hızını çoğaltır, çevresini genişletir.

Okurken ve yazarken, dünü ve yarını okur o. Dünü okumuşun farklılığını yarına yansıtır. Yazısında dil kalitesi kadar göz zevki, kulak uyumu da vardır. Bugün okunur, yarın okunur yazıdır. Ebedî değerleri yazdığı için ebedî kalıcı niteliktedir. Yazısı, sayfası, dergisi, başında onun adının bulunduğu her şey caziptir, kalıcıdır. Yazdığı ve konuştuğu, onun mü'min kimliğini yansıttığı için dikkat edilerek yazılmış, konuşulmuştur. Hakkı üstün tutan yazıdır, sözdür o. Fanilikten uzaktır, samimidir. Özdür, ciddidir.

Bugün yazılmıştır ama yarın da okunur. İzi vardır. O izi Allah görür, Resûlü görür, mü'minler görür, melekler görür. O iz, bugün görülür. Günlerin bittiği ve ebedî günün başladığı yerde de görülür. O gün o iz, yüz güldürür. O iz, sürüle sürüle cennete ulaştırır.

Arş'ın gölgesine talip mü'min genç, her sabah kalktığında sanki bir melek ona, "Seni ve ardındakileri cennete kadar sürecek bir iz bırakmadan bugün yatağa girme sakın!" der. O da gününü bu heyecanla geçirir. Bir iz peşinde ve iz bırakarak yürür. Onun izini de okuyanlar yazısında, dinleyenler sözünde, bakanlar gözünden yayılan heyecanında görürler.

Meşgul müyüz?

İş yoğunluğumuzu beyan etmek için kullanacağımız bir ifade olarak 'dünya kadar işimiz var' deyimi bizi yansıtamayacak kadar basit kalır. Bizim 'dünya kadar işimiz var' dememiz, mü'min kimliğimizi yansıtmaz. Dünyayı, bir ağacın altında gölgelenip gidecek düzeyde gören için işinin, 'dünya kadar olması' elbette küçültülmüş bir benzetme olacaktır. Eğer bu benzetme üzerinden bir tarif yapacaksak bizim işimiz ancak 'dünya ve ahiret kadar çok' şeklinde kullanabiliriz bu ifadeyi. Ahireti istiyor, ahiret için yaşıyorken işle meşguliyetimiz sadece dünya kadar nasıl olur?

İşimiz çok, iş alanımız büyük, işteki gayemiz muhteşemdir. Mü'miniz. Mü'min, dünyayı imar etmek, ahireti kazanmak için vardır. İş çok vakti az insandır mü'min. 'Bir işi bitirince diğerine başlamak' ile mükelleftir mü'min. Yorgunluğunu gidermek için çalışan insan, Kur'an'ımızın yönlendirdiği insandır. Bu nedenle de yapması gereken her işi kendi işi olarak gören insan, mü'min şuuru ve kıvamı ile iş gören insandır.

İnsanın işinde ibadet üzere olması da bu şekilde ortaya çıkar. Tarlada çalışmayı, spor yapmayı, gezmeyi, ziyaretleşmeyi, dinlenip uyumayı, aile içi faaliyetleri iş olarak görmek böyle oluşur. Bir tür camileştirilmiş bir dünyada yaşar mü'min; camide namaz kılar, tarlasında da camideki ibadete takat getirecek gerekli rızkını elde eder. Sporu bile camideki ibadeti için gerekli gören mantıkla yapar. Bunun için de mü'min, boş olduğu için gezen insan değildir; gezmeyi de işi hâline getirdiği için gezen insandır. Böylece onun gezmesi de işe yarar, iş görür.

Hayata bu gözle bakan için ne çok iş vardır, yapılacak her iş de muhakkak gereklidir ve yararlıdır.

Boş iş yoktur. İşsiz kalmak yoktur. Vakit azdır, iş çoktur.

Mü'min meşgul insandır. Camide namazında olduğu için meşguldür. Karanlık odasında teheccüdünde olduğu için, Rabbini tesbih ettiği için meşguldür. Atölyesinde veya bahçesinde çalıştığı için meşguldür. Bebeği ile oyalandığı ya da çocukları ile bir parkta saklambaç oynadığı için meşguldür. Veya yere çömelip torunlarını sırtına bindirmiş onlarla devecilik oynadığı, onları oyalayıp eğlendirdiği için meşguldür. Kırk yıllık eşi ile yeni evliler gibi şen dakikalar geçirmek üzere oturup bir muhabbet çayı içtiği için o esnada meşguldür. Ümmetinin dertlerine gücü ve becerisi oranında çözümler üretebileceği bir toplantıda bulunduğu için o esnada meşguldür. Oturup bir kitap okumaya çalıştığı, o kitaptan notlar tutmak için eline kalem aldığı için meşguldür. Başka bir mekândaki kardeşini ziyaret edip gönlünü almak, hasta bir mü'mini ziyaret edip dua etmek, akrabasından birine sılayırahim yapmak, iki dargını barıştırmak, ilmî bir faaliyete katılmak için yola çıktığında ya da otobüs durağında otobüs beklerken, vasıtayla yol alırken mü'min pek meşguldür.

Rabbinin ona sabrı ve sebatı kader olarak yazdığını anlayınca sabrederken, şeytan ayağını kaydırmak için hileler oluşturduğunda sebat ederken, fitnelerin yayıldığı ortamda imanını korurken mü'min meşguldür, iş üzeredir.

Mü'min dolu dolu insandır. Camide, işte, evde, yürüdüğü caddede, tatil yaptığı kasabada, kardeşleri ile çay içtiği bir muhabbet ortamında, Allah dediği ve Allah diyeni dinlediği bir yerde dolu dolu iş üzerindedir mü'min. Meşguldür, meşguliyeti de ciddidir. İkinci dereceden değildir hiçbir işi. Mihrabı, minberi, safları ile camisi onun gözünde birinci dereceden önemli olduğu gibi, oturma odası, mutfağı, banyosu, yatak odası ile evi de birinci dereceden önemlidir. Yürüdüğü caddeler halı döşenmiş olmasa da, çalıştığı iş yeri kirli paslı bile olsa onun nazarında birinci dereceden önemlidir.

Mü'min, meşgul insandır. Rabbi ile meşguldür. Zihni, eli, ayağı, dili, gözü, kulağı, alakası, himmeti, sabrı, sebatı, tebessümü, ağlaması, alması vermesi, yürümesi oturması Rabbi ile meşguldür. O meşguliyeti ile umutludur o. İman böyle bir büyük çatıdır mü'min için; bütün işlerini ve meşguliyetlerini gölgesi altında tutar. Yeter ki mü'min meşgul olduğunu bilsin. Çay içerken bile meşgul olduğunu bilsin yeter.

Ne Ektiğine Bak

Unutma, Allah Teâlâ seni en güzel kıvamda yarattı. Meleklerle yarışabilecek kıvamdasın. Yaratmasındaki hikmetler gereği olarak da sana, iyiliğin en zirvesine çıkabileceğin kabiliyeti verdi. Kötülüğün de en alt tabakasına kadar düşebileceğin hataları yapabilme kabiliyeti verdi. İyilikle kötülük için gerekli ne varsa onu da önüne koydu. En iyi veya en kötü insan olabilirsin. İki yönün ortasında yaratıldın. İnsan olman bunu gerektiriyordu.

Her iki örneğin en ucundakiler senin önünde örnekler olarak bulundu sürekli. Peygamberleri en iyilerin örnekleri olarak gördün, duydun. Ebu Bekirler, Ömerler, Enesler, Hadiceler, Zeynebler duydun. Onlar sana en iyilik yolunun örnekleri olarak gösterildi. Onlara bakabilirsin, onlar gibi olabilirsin, onların izlediği yolu izleyebilirsin sen de.

İkinci yol olan, en kötülerin yolundaki yolculardan da sana örnekler gösterildi. Nemrutlar, Firavunlar, Karunlar, Hâmânlar gösterildi. Onları bilip akıbetlerini düşünmen istendi senden.

Sen onların izinden de gidebilirsin, bunların izinden de.

Onlar gibi de olabilirsin, bunlar gibi de. Allah Teâlâ seni yaratırken her iki örneğin işini yapabilme kabiliyeti vermişti sana. Anne baban bir nebze o kabiliyeti köreltmiş veya geliştirmiş olsa da şifreler sende idi. İyiyi kötüden ayırabilecek kabiliyet ve fırsatlar vardı sende. Düşünecektin, çalışacaktın, gayret edecektin, aldanmayacaktın, sabredecektin, büyük düşünecektin, kendini zorlayacaktın, ucuza ve değersize kaymayacaktın... Sen, sıradan bir mahlûk değildin; insandın, insan! En güzel kıvamda yaratılmış insan.

Dün yaptıkların ve bugün yapmaya devam ettiklerin senin ektiklerindir. Ne ektiğine bakmalısın. Yiyip içtikten sonra gidebilecek biri değilsin. Büyük ve ince bir hesaba doğru yol aldığına göre geride bıraktıkların senin için çok önemli olmalıdır. Geride bıraktıkların, izin, eserin, sonuçların senin için varlık ya da yokluk kadar önemli olmalıdır.

En mükemmel mahlûk olarak yaratıldın; insansın.

Mü'min olarak yaratıldın, Ümmet-i Muhammed'densin.

Her biri büyük bir nimet olan fırsatlar içindesin; her şey senin elinde, senin olarak sana verilmiş durumdadır.

Hiçbir şeyin sana bedelsiz veya hesapsız verilmeyeceğini bilmen gerekir.

Dilin, gözün, kulağın, elin, ayağın, paran, arkadaşların, çevren, fırsatlar, imkânlar... Hiçbir şey hesapsız olarak senin değildir. Sen kendin bile hesapsız değilsin de sana verilenler nasıl hesapsız olabilir, değil mi?

İnsan olmak, mü'minlerden olmak, bu büyük ümmetin içinde bulunmak böyle bir ciddiyeti gerektirir.

Konuştuğun tek bir kelimeyi, söylenmiş gitmiş göremezsin. Düşünerek, hesabını vereceğine inanarak konuşacaksın. Sözünü sen unutsan bile seni yaratanın unutmayacağını bileceksin. Kullandığın söz, mü'minler arasında ayrık otları bitirmeyecek. Unutulmuş kinleri hatırlatmayacak. Gömülü dertleri gün yüzüne çıkarmayacak.

Düşünmeden, uluorta konuşma. Fitne ekme, dert üretme.

Büyük ümmetin büyük insanı olarak küçük konuşma, küçük düşürme. Sıradan olma, sıradanlaştırma. Arkasında durulur şeyler konuş ve sonra da arkasında dur söylediklerinin. Ama bu duruşun inadından gelmesin. Mahcup olacağın şeyleri sen hazırlama ki, mü'min olma onurun zedelenmesin hiçbir zaman. Sözün değerli olsun, değer oluştursun, değeri eskimesin. Mü'min olarak seni yansıtsın. İman ettiğin değerleri yansıtsın. Sözünden, hesap gününe iman ettiğin anlaşılabilsin.

Yazdığın da bu kıvamı korumalıdır. Yazın, sözünün yerini alacaksa eğer yazında da bu hesapları yap ki, yazmakla söylemenin aynı hesap içinde tutulacağı gün rahat edesin.

Mükemmel yaratılışın insanı olarak, basit kalamazsın, basitliği benimseyemezsin. Büyük örneklerin peşinde, büyük gayelerin emeğini sergileyerek kendini ispat etmeye mecbursun. Mü'minsin, insanlık için çıkarılmış bir ümmetin içindesin. İnsanlığın en zirvesinde, en güzel işlerle donanmaya mecbursun.

Bıraktığın iz sürüldüğünde sana ulaşılmalı ve sen iyilikle anılmalısın.

Konuşurken, yazarken, dinlerken, örnek olurken, emrederken, itaat ederken hatta yürürken bir tohum ektiğini bil. Sonra da ne ektiğine bak. Ektiğin kulların gözünde de değerlendirilecek, en sonunda Rabbinin huzurunda da hesabını vereceksin. Sakın şer ekme. Fitne çıkarma, fitneye alet olma, aracı olma, fitneyi sulama.

Ne ektiğine ve kimin arazisine ektiğine dikkat et. Ekili tohumlar bir dönem unutulur ama er geç onlar da gün yüzüne çıkar. Sonra da ekenlerini ya güldürür ya da mahzun ederler. Bunu bil de ne ektiğini hatırlamadan akşam yatağına uzanma.

Organ İsrafı

Sudan ekmeğe kadar, israf edilmesinden endişe ettiğimiz pek çok nimet vardır. Yer yer vakit israfını da gündem yaparız. Suyu, ekmeği ve zamanı israfa karşı hassasiyetimiz mü'min kimliğimizden kaynaklanmaktadır şüphesiz. 'Su olmazsa, ekmek olmazsa ne oluruz?' türünden endişeler taşırız. Çocuk terbiye ederken de, ekmeğin dilimini hesaplamayı, kırıntıları toplatmayı ihmal etmeyiz. Abdesti bir dere kenarında alanımızın bile, israftan kaçınmış olması gerekmektedir. Mü'min idrakimizin tabii neticesi budur.

Ekmeği ve suyu bize ihsan edilmiş bir nimet olduğu için israf etmeme yönündeki gayretimizi, israfın bir başka şeklinde de düşünmek durumundayız. Nimet olması bakımından sudan aşağı kalır yönü olmayan organlarımızın israfını da günlük yaşantımızı etkileyebilecek konular arasında tutmaya mecbur bulunuyoruz. Bir damla suyun hesabı gibi bir dakikalık bakışta kullanılan gözün de hesabı yapılmalıdır. Organlarımızın ekmeğimizden değersiz olduğunu söyleyecek değiliz. Nimetse değeri bilinmesi gereken, her organımız büyük bir nimettir. Gözümüz, kulağımız, burnumuz, el ve kolumuz hatta elimizdeki tek bir parmağımız nimettir. Su ve ekmek gibi bu nimetleri de bizi yaratan Rabbimizin ihsanı olarak bulduk kendimizde.

Ne ekmekten geçebiliriz ne de organlarımızın birinden. Elimizde nimet olarak bulunan her şey kıymetlidir. Her kıymet bizim için hesabının bizden sorulacağı bir endişe konusudur. Ekmeğin endişesini taşırken, ekmek hamuru yoğuran elin endişesini nasıl taşımayız? Suyun hesabını düşünen herkes, su tadı hisseden dilin de en az su kadar nimet olduğunu ve muhakkak hesabı sorulacağını bilmelidir.

Ekmek, su gereksiz ve fazla kullanıldığında 'israf edildi' diyoruz. En mükerrem varlık olan insanın en değerli organları gereksiz işlerde kullanıldığında israf edilmiş olmuyor mu? Hakikati görsün diye yaratılan gözü kimin nerede nasıl kullandığı, ekmeğin çöpe atılması veya yenmesi kadar sözü edilmeye değmez mi acaba?

Dinin haram olarak vasıflandırdığı bir şeyde kullanılan göz, kulak, el, ayak ve diğer organlar israf edilmiştir. Kullanılmasının gerektiği yerde kullanılmamış olması da israf etmenin bir çeşididir. Kur'an dinlemeyen, zikir duymayan kulak boşa tutulmuştur. Boşa tutulmuş olmak israftır. Hakkı üstün tutmak için yürümeyen ayak, salih amel olacak bir iş yapmayan el boştadır. Yaratılış maksadı için kullanılmayan her organ, çöpe atılan ekmek, boşa akıtılan su gibidir.

Nice diller, Kur'an ile coşup coşturabilecekken boş durmaktadırlar. Bu da dilin israf edilmesidir. Nerede kaldı ki, konuşmaması gerekeni konuşan, yasağı dillendiren diller israf edilmiş organlardır. Hedefsiz adımları atan ayaklar israfa doğru yürümektedirler. Ciğerden dalağa kadar, yaratılış maksadının dışında kalan her şey israf kapsamında kalır.

Bir mü'minin bir organı israf edildiğinde yani kullanılacağı yerde kullanılmadığında ya da yanlış yerde ve şekilde kullanıldığında ortaya israf çıkar. Binlerce, milyonlarca mü'minin dili, gözü, ayağı, iç veya dış organları israf edildiğinde ne denli büyük bir zarar içinde bocalıyoruz, bir hesap edebilsek! Bir günde şu kadar ekmeğin çöpe atılmasının kaç okul, kaç hastane yapacağı tahmin edilmeye çalışılıyor. Sonra da insanlar ikaz ediliyor, ekmeği israf etmeyin deniyor. Milyonlarca çocuğun gözü, kulağı yeni teknoloji fitnesinin karşısında israf edildiğinde, sadece bir günde bu ümmet kaç mücahit, kaç müçtehit, kaç salih insan kaybediyor, bunu neden hesap edemiyoruz? Bu ümmetin çocuklarının her biri bir ekmek kadar değerli değil midir acaba?

Ekmeği israf etmeyelim elbette. Suyu da israf etmeyelim. Zamanımızı da israftan koruyalım. Bunlar Allah'ın emridir hiç şüphesiz.

Ekmek de, su da Allah'ın kulları için yarattığı nimetlerdir. Ekmek ve su insan içindir. Onların israfına akıl erdirip de, hizmetinde oldukları cennet adayı insanların gözleri, kulakları, ciğerleri ve dillerinin israfına neden akıl erdirilemez? Bir göz kaç ekmek eder? Bir dilin karşılığında kaç ton su tartılabilir?

Eyvah, yeni hayat tarzı, teknoloji, medeniyet, medya, yeni dostluk anlayışları, betonlu komşuluklar, çıkarcı arkadaşlıklar, organlarımızı ve organlarımız üzerinden bizi tüketiyor. Gözümüz, kulağımız esir oldu. Bizim kulağımızı, bizim gözümüzü başkası kullanıyor ve biz seyrediyoruz. İsraf haramdır; ekmeğin israfı da gözün israfı da haramdır. Her organımız bizim kadar değerlidir. İsrafı da tehlikedir. Bunu idrak edememek ise daha ağır bir tehlikedir.

Öğretmenliğin Hakkı

Doğumdan ölüme kadar her insan öğrencidir. Öğrenmedikçe adım atamayacağımız bir hayat yaşıyoruz. Her gün, iyi veya kötü bir şey öğreniyoruz. Hiçbir şey öğrenmediğimiz bir zamanda bile, o günkü hava durumu bilgi dağarcığımıza giriyor. Öğrenmek bu açıdan hava su gibi bizimle iç içedir diyebiliriz.

İlk öğretmenimiz annemizdir şüphesiz. Nefes almayı, kaşık tutmayı, gülmeyi ondan öğrendik. İlk olduğu için de onun öğretmenliğinin sonuçlarını hiçbir zaman bitiremiyoruz. İlk öğretmenimiz olan annemizin hakkını ödeyebilecek bir öğrenci olmamız mümkün olmuyor. Babamız da öyle; bize hayat dallarına tutunmayı öğretsin diye Rabbimizin önümüze koyduğu bir sebeptir.

Çevremiz, aile efradımız da bizim için öğretmenler durumundadır. Onlardan da etkileniyor, çoğunu bir daha atamayacağımız ilaveler alıyoruz. Sürekli öğreniyor, sürekli etkileniyor ve bunun sonucu olarak da sürekli taklit ediyoruz. İyiyi görüyor sürdürüyoruz. Kötüyü görüyor sürdürüyoruz. Hayat da böyle sürüyor, iyilikler de kötülükler de. Bunun için de diyoruz ki, iyilik ve kötülüklerin aktörleri kadar, aktörlerin öğretmenleri de sürekli yaşıyorlar. İyiye ve kötüye sebep olmak; öğretmen olmanın en güzel tarifi bu olsa gerek.

İnsanların hayatı öğretmenlerle doludur. Anne babadan komşuya kadar doğal öğretmenler bulunduğu gibi, öğretmenliği meslek edinip başkasına bir şeyler öğretmek için iş yapanlar da insanların öğretmenleridirler. Doğal veya ücretli öğretmen, hangisi olursa olsun başkasına bir şey öğreten değerlidir. Öğrettiğinin karşılığını muhakkak alacaktır. İyi veya kötü hiçbir işin karşılıksız kalmayacağı bir yer olan mahşer yerinde, karşılığı verilecek ameller arasında şüphe yok ki en çok öğretmenlik bulunacaktır. Öğretmeni anneden tutup iyiye veya kötüye vesile olan herkes olarak anladığımızda sonuç budur.

Böyle bir sonuca iman eden hiçbir öğretmen, anne veya ağabey ya da okulda muallim, hangisi olursa olsan hiçbir öğretmen, vaktinde ders vereceği yerde bulunmakla kalbini rahatlatamaz. Aldığı maaşını helal etmekle, Allah'ın onu bulundurduğu noktanın hakkını vermek arasındaki farkı yakalamak zorundadır öğretmen olan herkes. Anne ise anne, baba ise baba, bir çocuğun önünde iyi veya kötü bir şeyi örneklendiren herkes böyledir. Sınıfındaki öğrencilere, önündeki resmî programı izah etmeyi öğretmenliğin hakkını vermiş olmak için yeterli bulmak zafiyettir. Öğretmenliği, öğretmek seviyesinden sebep olma veya sebep olmayı ihmal etme seviyesine taşımak zorundayız.

Önündeki çocuğa namazı anlatan bir öğretmen, namaz hareketlerini talim etmekle maaşını helal ettirecek düzeyi yakalamış olabilir. Namazı sevdirip, namazla miraç yapma heyecanını önündeki öğrencilere verip vermediğini dert etmedikçe öğretmenlik olabilir ama Yesrib'i Medineleştiren Musablık zordur. Gaye ise Musablıktır. Musab olup asırlarca yaşamak hedef olmalıdır. Herkesin yaptığı ve sebep olduğu şeyleri bulacağı günün en güzel yatırımı olabilecek öğretmenliği, 'maaşını helal ettirme' seviyesinde nasıl bırakabiliriz? Öğrenci üzerinden cari hasenat biriktirmek gerekir. Heyecanı bitmeyen öğretmen, öğrettikçe coşan, coştukça huzur bulan öğretmen davası olan öğretmendir. Davası olan öğretmen de kalıcılık hakkı olan iş yapmış öğretmendir.

Güzel anlatan kadar, güzele örnek olan öğretmen değerlidir. Maaşından evvel, Allah'ın vereceği sevaba gözü dikilmiş öğretmen makuldür. Sabreden, yılmayan, çevresinden etkilenmeyen, kendisinden yararlananlar ve sebep oldukları çoğaldıkça kanatlanacak kadar mutlu olan öğretmen umut öğretmendir. Kendisi için umuttur, ondan öğrenenler için umuttur. Çalışması da, umut oluşu da örnektir.

İyi bir öğretmen, bir kişinin hidayetine vesile olmayı, güneşin aydınlattığı her şeyden daha değerli bilir. Bunun için de maaşını helal ettirmeyi aşmış biri olur. Güneşle aydınlanan ne varsa ona sahip olmak kadar ulvî bir gaye peşinde koşar. Bir genç, bir insan hidayeti, onu kanatlandırır, gecelerini uykusuz bırakır. Ona sabır yükler bu gaye. Her öğrenci ona yeni bir umut olur. Her öğrenci ile yeni bir dünya kurar adeta. O her gün, bir Musab olur sanki. Yorulmaz, usanmaz, darılmaz. Kısır beklenti içinde olmaz.

Yenilenir ve yeniler.

Çalışır, çalıştırır.

Görür ve gösterir.

Örnek olur, örnekler çoğaltır.

İz sürer ve iz bırakır. O, öğretmendir. O, muallimdir. O, mücahittir. Cihat eder, nesil yetiştirir. Diyar diyar dolaşır gibi kapı kapı dolaşır. Yürekten yüreğe konan bir güvercin gibidir. O sabır abidesi adam. Okuyan, okutan, anlayan ve anlatan adam; 'İkra' ümmetinin okuyan adamı!

Hesap Hataları

Zaman ve mekân Allah'ındır. Dün, bugün ve yarın onun mahlûkudur. O yarattı da her şey var oldu. Yaratan sonra da öldüren, siyahı siyah, beyazı da beyaz yapan Allah'tır. İblis'i şeytan olarak bizden önce dünyaya gönderdi. Dünyayı onca ihtişamı ve sıkıntıları ile takdir edip planlayan da Allah'tır. Mü'mini mü'min olma yoluna soktu. Kâfiri de küfründe sürünecek şartlarda tuttu. Cennet için de cehennem için de insanlar yarattı. Adaleti emretti, zulmü yasakladı. Dininin ikame edilmesini, batılın imhasını emretti. Dini İslam hükümran olsun diye kanun koydu. Peygamber gönderdi. Cihadı, şehadeti, gaziliği tayin etti. Çizdiği yolda adım atanların adımlarını saydı, nabızlarını tuttu. Amelleri tarttı, niyetleri ölçtü.

Zamanın ve mekânın yaratanı olarak takdir etti ve takdir ettiğini de dilediği gibi yaptı. Her şey O'nun dilediği gibi gerçekleşsin diye sebepler ve vesileler yarattı. İlk andan şimdiye kadar da her şey O'nun murat ettiği gibi gerçekleşti. Ne güneş bir saniye öne çıkabildi ne de bir kâfir O'nun murat etmediği bir nefes alabildi; O ne murat etti ise öyle oldu her şey. Her şey; karıncadan file, camiden kiliseye kadar her şey!

O ne istedi ise, nasıl istedi ise öyle oldu. Tam istediği gibi, tam istediği zamanda oldu her şey.

Böyle iman ettik Rabbimize. Böyledir Allah dedik dilimiz döndüğü zamandan beri.

Sıfatlarını bu anlayışla saydık durduk. Kur'an'ından böyle okuduk Rabbimizi. Böyle iman etmeyene de 'mü'min değil ki!' dedik. İlk iman eden ve onları izleyen mübarek nesilleri de böyle iman eder bulduk. Bu imanı muhteşem sahnelerle süsleyip bize ulaştıranları hayranlıkla izledik. Bu bakış tarzımız bize heyecan verdi. Bilal'i taşlar üzerinde izlerken tesellimiz bu idi. Çöllerde hicret eden çıplak ayaklı mü'minleri bu gözle izledik. Bedir bizim için bu anlamı yansıtıyordu. Uhud'da Hamza, Mus'ab ve diğerleri bu sahnenin canlanan şekli idi. Allah onlardan razı olsun. Ebu Hanife'yi, Ahmed bin Hanbel'i böyle gördük.

Onları okudukça, düşündükçe dayanağımız aynı oldu: Mülk Allah'ın, zaman Allah'ın, biz de Allah'ın kullarıyız. O diliyor ve her şey oluyor. O dilemeden ne olabilir ki bu fani âlemde? Böyle dedik, böyle de demeli idik.

Başkalarının kıssalarını okuyup dinlerken imanımız bu idi. Bilalleri, Mus'abları böyle okuduk, öğrendik. İş bize gelince ne değişmiş olabilir? Onların zamanında önlerine çıkan küfür ve nifak, kâfir ve münafık şimdi yanlış zamanda mı çıkmış olacak önümüze çıkarsa? Bağdat'ı kasıp kavuran zındıklık ve zındıklar Bağdat'a mahsus bir bitki çeşidi mi sayılacak?

Mülk Allah'ın mülkü, zamanı da O yaratıyor. Kanun bu. Bütün zamanlar, O'nun mahlûku olması bakımından O'nun için aynıdır. Biz, dün yoktuk bugün varız. Yarın da olmayacağız. Sırası geldiği için sahneye çıkan biziz. Ezelî ve ebedî olan ise Allah'tır. İmtihan edecek ve değerlendirecek olan Allah'tır. Kul, kulluğunu bilmek, üzerine düşeni hakkıyla yapmaya çalışmaktan başka ne yapabilir? Haddini bilmemek olmaz mı eğer ne zaman ve nerede ne yapmak gerektiğini bilmez biri olursa?

Ne dünkü dünyada yanlışlık vardı ne de bugünkü dünyada; dünya aynı dünyadır. İnsan aynı insandır. İmtihan da aynı imtihandır. Her yer Bedir'dir, her yer Uhud'dur. Herkes Mus'ab, herkes Hamza, herkes Ebu Bekir adayıdır. Kimi becerir rolünü oynar, kimi de ne idi ne oluyor derken vaktini tüketir. Olan budur. İşte Kur'an, işte hakikat budur.

Derin araştırmalara gerek yoktur. Her şey göz önündedir. 'Ne oluyor, kim ne yapıyor?' sorularıyla vakit heder edemeyiz. İşimiz var ve işimiz vaktimizden çoktur. Zarar hesabına da, müstakbel yatırım hayaline de vaktimiz yoktur. O tür hesaplamaların kendisi ciddi hesap hatalarıdır. Mezarlıkta ölü, afette zarar sayımı yapan bir ümmet değiliz. Mezarlıktan ölü diriltmek, kurumuş umutları sulamak için varız. İnsanlığın son gemisi ve insanlık kadar büyük dertlerle mücadele için yaratılmış 'insanlık için çıkarılan ümmet' biziz. Hesap hataları bizim için pahalı sonuçlar getirir. Onca işimiz arasında bir de hesap hatasının bedellerini ödeyemeyiz.

Zamanı, mülkü ve bizi Allah yarattı.

Bizim için de bunu takdir buyurdu.

Biz de buradayız. Haber izleyemeyiz artık, haber oluşturmaya mecburuz. Bunun için varız. Bunun için fitnenin en karanlık zamanında biz varız. Biz, bu ümmetiz.

Nimet Hesabı

Sıkıntılarımız ve şikâyetlerimiz ne denli kalabalık olursa olsun, içinde yüzdüğümüz nimetleri saymakta bile aciz kalırız. Dert saymayı bir hastalık durumuna getirmiş olmamız hakikati örtemez. İnsanız, kuluz; elbette sıkıntılarımız olacak. Elbette terleyecek, yorulup gerileceğiz. İnsan olmamızın başka ne anlamı olabilirdi ki? Bulunduğumuz yer de nihayetinde dünyadır. Cennette değiliz. Dertsizlik diyarında gibi hissedemeyiz kendimizi. Dünyayı cennet zannedenlerle dünyadan cennete gitmek için gayret edenlerin farkı bu anlayışta saklıdır. Hayatı bütün sıkıntılarına rağmen yaşanılabilir bir imtihan süreci olarak görebilmektir bu. Biberi bile lezzetle yiyebilen anlayış olarak görebiliriz bunu.

Her şeye rağmen nimetler içinde yüzüyoruz.

Mü'min olmakla şereflendirilmiş olmamız en büyük nimettir. İnsan olarak yaratıldıktan sonra iman şerefi ile taçlanmış bir insan olarak yaşamak ne büyük bir lütuftur. Bu lütfu sıradan bir nimet olarak görmemiz bile nimeti tahkir olur. İman ehli olmak ve iman gereği olarak da ibadet yapabilmek tek başına en büyük nimet olmaya yeterlidir. Saymaya başlarken ilk olarak bunu saymamız şarttır.

İkinci büyük nimet de elimizdeki zaman fırsatıdır. Hâlâ nefes alabiliyor olmak, bin bir hata içinde olsak bile dönüş yolunun bize kapanmamış olması başlı başına bir nimettir. Değil günler, dakikalar bile bu açıdan bir ömür kadar değerli fırsatlardır. Elimizde yaşayabileceğimiz dakikaların bulunmasını bu gözle incelediğimiz zaman, Rabbimizin bize ne büyük nimetler ihsan buyurduğunu daha iyi takdir edebiliriz.

Sıhhatimiz, aile efradımız, çevremiz, yiyecek içeceklerimiz her biri bir başka nimet olarak önümüzdedir. Elimize değer her şey kendi başına bir nimettir. O kadar ki, mü'min insan gözüyle bakabilenler için bizi inleten hastalıklar bile bir nimettir. Eğer hastalık bizim günahlarımızın dökülmesine, kalbimizin daha hassas olmasına, merhametimizin gelişmesine sebep olabiliyorsa o da bizim için nimete dönüşebilecek bir fırsat demektir. Bir çift söz edebileceğimiz dostlarımızdan, hayatımızı paylaştığımız eşlerimize kadar pek çok insanı Allah Teâlâ, bizi mutlu etmek için çevremize adeta yığmıştır. Bizi de onların etrafına yerleştirmiş ve birbirimizle kardeş yapmıştır. Çevremizde açan çiçeklerden önce doğup büyüyen çocuklarımıza, yeğenlerimize, torunlarımıza mutluluk kaynaklarımız olarak bakabilmek insanlık değil midir? İman bunu gerektirmez mi?

Asıl yurdumuzun ahiret yurdu olduğunda şüphemiz mi var?

Ahirete intikal mahallimizi ahiret gibi bulacak değildik ya! Nihayetinde burası dünya denen yerdir. Meşakkatlerden rahmetler çıkarmak için kurulmuş bir yerdir burası. Fanidir, faniliğinin gereği olarak da dert membaıdır.

Bir gün hesabı sorulacak nimetlerdir elimizdekiler. Biz

elimizdeki nimetleri takdir etmiş olalım veya olmayalım onları bize ihsan eden hesabını soracaktır. Nimetlerin tek tek hesabının sorulacağı yer ve zaman uzağımızda değildir. Bugün kıymetini bilmekte yetersiz kaldığımız nimetler o gün endişe nedenimiz olabilir. Eşlerimiz, aile hayatımız bir nimet olarak sorulacaktır. Çocuklarımız nimet çiçekleri olarak bizden sorulurlar. Dostlarımız, mü'min kardeşlerimiz istisnasız sorulur. Yediğimiz ekmek kadar, içtiğimiz su kadar kullandığımız sözcükler de nimettir. Tebessümümüz, selamımız, duamız, sadakamız nimet fırsatlarıdır. Her eksik tebessüm, unutulmuş selam, yapılmamış dua, verilememiş sadaka da kaçmış nimet fırsatıdır. Nimetlerin tek tek sorgulandığı yerde bir tebessümün, bir tatlı sözcüğün, bir kardeşlik sahnesinin ne demek olduğu daha iyi anlaşılacaktır.

Nimet zenginiyiz. Nimetler içinde yüzüp duruyoruz.

İnsan olarak mükerrem oluşumuz nimettir. Nefes alan bedenlere sahip olmamız nimettir. İman ehli olmamız nimettir. Muhammed aleyhisselamın ümmetinden yaratılmamız nimettir. Kur'an gibi bir kitaba sahip olmamız nimettir. Çevremizi dolduran insanlar, kardeşlerimiz, arkadaşlarımız, dostlarımız nimettir. Eşlerimiz, çocuklarımız olduğu gibi nimettir. Beraberlerinde sıkıntılar getirseler de bütün nimetler bizim için bir hesap konusudur. Hesabı sorulmayacak bir nimet yoktur. Hesabını vereceğimiz nimetleri de bugünkü durumumuzla değil, hesabını vereceğimiz günün şartları ile takdir etmedikçe imanımızın gereğini yapmış olamayız. O gün kesindir, hesap kesindir.

İlim İbadettir

Müslüman için hayat olduğu gibi imtihandır. En güzel olan ameli hangimizin yapacağını görmesi için Allah Teâlâ ölümü ve hayatı yarattı. Kimimize bahçelerde sebze yetiştirmeyi imtihanının gereği olarak takdir buyurdu. Kimimize de kitapların başında uykusuz geceler geçirmeyi murat etti. Bahçesinde toprakla meşgul olanın da masasında kitapları ile meşgul olanınki de imtihanının gereğidir. Herkes imtihan oluyor, herkes Rabbinin rızasını kazanmak için çalışıyor olmalıdır.

Müslüman'ın hayatında kulluk olarak icra ettiği işleri iki sınıfa ayırabiliriz: Her Müslüman için aynı oranda geçerli olan farzlar ve haramlar olarak tespit edebileceğimiz işler vardır. Bir de Allah Teâlâ'nın her kuluna ihsan ettiği kabiliyetine göre o kulundan yapmasını istediği işler vardır. Farz namazların eda edilmesi veya bildiğimiz haramlardan bir haramdan kaçınması Müslüman için birinci örneği teşkil eder. Bahçesinde ziraat ile meşgul çiftçinin ziraat işi ve ilim adamının kitapları ya da talebeleri ile meşguliyeti de ikinci örneği teşkil eder. Camideki namazda, Ramazan ayındaki oruçta bütün Müslümanlar müşterektirler. Kabiliyetlerden bir kabiliyetinin gereğini yaparken de her mümin, kendisinden bekleneni yapıyor durumda olacaktır. Neticede ise Müslüman insanın yaptığı her iş, Allah rızası için yapması gereken ve muhakkak hesabını vermek durumunda olacağı iştir.

İlimle meşgul olanlar, Allah'ın bütün mü'min kullarından murat ettiği emirlerinin yanında bir de ilimle meşguliyetin gereği olan kulluğu yapmak durumundadırlar. İlmi kendileri için yol olarak görenler, sabah namazını ne maksatla eda ediyorlarsa ilimle meşguliyetlerini de o niyetle dolduracaklardır. Zira sabah namazı da ibadettir ilim de. İlme adanmışların meşguliyetleri olan ilme ibadet gözü ile bakmaları, elde edecekleri sonucu etkileyecektir. İlmi, mesleklerden bir meslek olarak görmekle ibadetlerden bir ibadet olarak görmek arasında uzun bir çizgi farkı vardır. Talebelikten itibaren basamakların her biri aşıldıkça bu ibadet mantığı da daha derinden hissedilir olmalıdır.

İlmin ibadet olması bizi, şu ilkeyi kabul etmeye sevk edecektir: İbadette ne geçerli ise ilimde de o geçerlidir. İbadeti işe yarar, Allah'ın rızasını kazandırır duruma ne getiriyorsa ilmi de onlar işe yarar ve Allah'ın rızasını kazandırır hâle getirecektir. İbadetlerde ise en temel iki ilke ihlas ve ittibadır. Bunu, Allah için yapmak ve Sünnet'e uygun olarak yapmak şeklinde de izah edebiliriz.

Tirmizî'nin rivayet ettiği (Hadis no: 2647) meşhur hadiste bu hakikati görebiliriz:

'Kim ilim için yola çıkarsa o, dönünceye kadar Allah yolundadır.'

Allah yolunda olmanın nasıl hassas bir anlam ifade ettiğini bildiğimize göre ilmin, cihat gibi en üst seviyeden noktalara işaret ettiğini de anlamış oluruz. İlim yolunda olan talebesinden, eserleri ile dersleri ile bu yolda mesafe kat etmişlerin bu hakikati müdrik olmaları gerekiyor. Hiçbir âlim, sıradan biri değildir. Sıradan biri olmaması işinin ibadet olmasından kaynaklanmaktadır. Farzlar ve temel meselelerden sonra ilim, Müslüman için yükselebileceği en üst seviyeleri gösterir. Öyle bir seviyeyi takdir edememek sahibi için hatadır.

İlmin ibadet olması, ilmi ibadet heyecanı ve lezzeti ile sürdürmeyi gerektirmektedir. Namazdaki heyecanla ilim yolundaki heyecan benzeşmelidir. Bu ümmetin geçmişinde hac yolculuğu ile ders için gidilen yolculuklardaki heyecan arasında benzeşmenin de ötesinde bir yakınlıktan söz edilmektedir. Cihada gider gibi medreseye giden nesillerden bahsedilmektedir. Diplomayı bir kâğıt parçası olarak görmekle, gizli bir put görmek arasındaki bariz farklardan biri bu olsa gerektir.

Ellerindeki defterleri ile henüz işin başındaki talebeler kendilerini, cephenin gerisinde teçhizatını hazırlamakla meşgul olan Bedir gazileri gibi görmedikçe ilmin bereketine nail olamayacaklardır. Yer yer cihadın da ilerisine geçebileceklerini, şehitlerle boy ölçüşebileceklerini hissetmelidirler. İlmi, kâğıt peşinde koşmanın ilerisine taşımış bir ümmetiz. On veya yirmi yılı ilim uğrunda ise eğer, birkaç saat kadar kolay feda edebilenler vardır önümüzde. Yaşamak kadar lezzet aldıkları bir okuma, okutma kalitesine ulaşmışlardı onlar. Bugünkü noktada ise ilim, daha cılız ve fani değerleri yansıtmaktadır. İlim, uğruna neler feda edilebilir diye soruşturma yapılacak olsa belki de garip kalacaktır. Uğruna her şeyin feda edilebildiği bir ilim istiyoruz. Allah'ı ve Peygamberini konuştuğumuz ilim mahza ibadettir. O ilmin elde edilmesi için şart olan Arapça da ibadettir. O ibadet, bir farz-ı kifaye olduğu hâlde itilmiş, unutulmuş duruma getirildi ise o zaman kendisinde ilim kabiliyeti bulunanlar, Allah'ın ilim yolunda bir ömür feda etmeyi onlara farz ettiğini hatırlayarak yollarına devam etmelidirler. Sabah namazına karşı ne kadar naz edebiliyorlarsa ilim yolunda da o kadar naz edebileceklerini bilmelidirler. İlim, Müslüman olmayanlar için meslek olabilir. Bizim için ise meslek değildir. İbadettir, sabah namazıdır, sabah namazının aslıdır.

İlimle meşgul olanlar ve ilimle başkalarını meşgul edenler bu lezzeti elde ederek yollarına devam etmelidirler. Herhalde ilim yoluna çıkan talebelere ilmihâl kitabından önce İbni Abdilberr'in Camiubeyanililmi'ni okutup çıktıkları yolun nitelik ve niceliğini izah etmekte yarar olacaktır. İlimden ve âlimden ne anladığımızı anlatmalıyız. Kitaplarla dolu oda bizim için kütüphane değildir. Çok bilen bizim için âlim değildir. Biz kuluz, kulluk yapmakla mükellefiz. Kulluk, adı üstünde ibadettir. İlim de bize ibadeti emredenin en öncelikli emirlerindendir. Öyle bir emri kâğıttan belgelere esir edemeyiz. Kâğıt üzerinde ne kadar cihat yapılabilirse ilim de o kadar kâğıt üzerinde yapılabilir.

Göz Açısı

İman ettiğimiz kitabımız Kur'an, insandan öncesinden başlayan ve insandan sonrasına süren bir süreci anlatıyor. Bastığımız toprağı, başımızın üstündeki gökleri, gözümüzün görebileceği alandan daha ötelerini gösteriyor bize. Dünü, bugünü ve yarını tarif ediyor. Gözlerin gördüğünü, gözlerin gördüğünden daha iyi tarif ettiği gibi gözlerden uzak gayb âleminin sırlarını da göz önündeki gibi açık seçik tarif ediyor.

Kur'an'ımızın bize açtığı ufuk budur. Ona iman eden bir mü'minin ufku, günübirlik ve şahsî menfaatlerle sınırlı bir ufuk olabilir mi? Kâinat kitabına iman eden, onu hayat rehberi olarak kabul eden için köyünde kalakalmış bir ufuk ufuk mudur? Kâinat neresi köy neresi? Toprağın derinliklerindekileri, tohumları, vadileri, toprağı, dağları, dereleri, denizleri, gökleri, uzay boşluğunu, galaksileri hatta devleri, böcekleri izleyip onlar üzerinden düşünce seansları yapmaya davet eden bir kitaba iman edenlerin izledikleri haber bültenleri üzerinden süren bir düşünceyi düşünmek olarak anlamaları körlüktür. Toprağa atılmış bir buğday dânesini çiftçinin tefekkür etmesi ile Allah'a iman etmiş bir mü'minin tefekkür etmesi aynı olamaz. Mide hesapları ile ahiret hesapları arasındaki fark yalın çiftçi ile mü'min arasındaki farktır.

'Yarın' sözcüğü herkes için farklı denebilecek bir anlam yüklüdür. İşi mal olan bir iş adamının yarından anladığı elbette onun maddiyatla kuşatılmış dünyası olacaktır. İşi dini olan bir mü'minin yarın anlayışı da dininin yarını, dininden kaynaklanan gündemin yarını olacaktır. Mü'min ile mü'minin gündemi arasında fark olamaz. Mü'minin bakış açısı ile imanının ona açtığı açı arasında çelişki hatta fark olamaz.

Kaldırılmış dinlerin mensuplarının başına gelen felaket bu felaketti. İman ettiklerini söyledikleri dinleri ile onların düşünceleri, bakışları arasında farklar vardı. Uymadıkları dinlerini kendilerine uydurmaya çalışmışlardı. Mü'min insan, imanının şeklini alan insandır. İmanının gösterdiğini görür, imanının baktırdığına bakar. Düşüncesi ve eylemleri imanını yansıtır. Onlarda ise beşerî zafiyetleri dinlerine yansıdı. Böylece de ellerindeki dini tahrif ve tahrip ettikleri için din kaldırıldı, onlar ortada kaldı. İslam'a iman edip Müslüman olanlara, eski ümmetlerin akıbetlerinin Kur'an'da yoğun bir şekilde anlatılmasındaki derin hikmetlerden biri de bu olmalıdır. Şeytan böyle bir tiyatroyu uzun vadede oynayarak bu ümmeti de kitabının bakış açısından daha farklı açılarla oyalayabilir. Açı farkı ise yol uzadıkça sapmaları ve başka sonlara varmayı gerektirecektir.

Yarına bakışımız, ümmet olarak mevcut gidişat hakkındaki kanaatlerimiz imanımızdan ayrı konular olamaz. 'Allahuekber' deyişimiz bir namaz sloganı olmanın çok ötesinde olmalıdır. 'Allahuekber'i namaza davetiye olarak gördüğümüz kadar, olaylara ve olayların akıbetine dair kesin kanaatlerimizin özü olarak da görmeye mecburuz. Olaylara medyanın yönlendirdiği perspektiften bakamayız. Yaşlıların tecrübeleri, gençlerin tahminleri bizim için yönlendirici olamaz. 'Allahuekber' bizim perspektifimizdir. Namazımızın davetçisi, başımızdaki olayların akıbetininde habercisidir o.

'Allahuekber'i, 'tanrıuludur'a dönüştürmeyi mücerret bir siyasi gelişme olarak görmek bir bakış tarzıdır. Bu bakışa göre de minarelerden yeniden 'Allahuekber' yükselince tahribat bitmiş hatta zafer kazanılmıştır. Bir başka bakış tarzı olarak bunu şeytanın derin projelerinden bir projenin ayrıntıları arasında görmek vardır. Böyle bir görüş sahipleri ise meseleyi minarelerdeki sözcüklerin değişiminin ötesine taşıyıp, minarelerde ve kalplerde 'Allahuekber'den, 'tanrıuludur'a doğru bir kayış belirtisi olarak görebilmektedirler. Böyle görmenin gerekleri ne ise de onu kısa ve uzun vadede yapmayı en önemli görevleri olarak bilirler.

Gözlerimizin görme açısı, neyi ne kadar görebildiğimizi, görme derinliğimizi belgelemektedir. Minareyi görmekle, minarenin işaretlerini görmek aynı değildir. Sadece minare görebilen toplumun 'Müslüman toplum' olması başka şey, minarelerin çizdiği ufku görebilen toplumun 'Müslüman toplum' olması başka şeydir. İlim adamlarımızın, muallimler ve eğitimcilerimizin verdiği eğitim, mü'min fertlere takılan gözlük, gözlere verilen görme açısıdır. Neyi nasıl öğrettiklerini bir de bu zaviyeden takdir etmeye çalışsalar kendilerine ve mesuliyetini taşıdıkları mü'minlere iyilik etmiş olurlar. Aksi takdirde Kur'an bilen insanlar, imanın şartlarını bülbüller gibi şakırdayanlar, haber bültenlerinin, cami bahçelerinde muhabbet çayı içerek gündem oluşturanların oluşturdukları günübirlik ve kısır gündemleri görerek bir şeyler görebildiklerine aldanıp gideceklerdir.

Göz, Kur'an'ın ve imanın gösterdiğini görebilen gözdür.

Düşünce de Kur'an'ın düşündürdüklerini düşünmektir.

Düşünebilenlerden, görebilenlerden olmak da budur.

Seçimin Bitmiş Olmalıdır

Hayatı tanıdığın andan itibaren bütün yaratılmışlardan geçip yaratan ve yaşatan Allah'tan yana tavır koyarak ilk seçimini yapmış oldun. Allah'ın kulu olmanın sonucu olarak O'na kulluk yapmayı, O'nun kulu olarak yaşamayı onurlu olmanın şartı olarak belirledin. 'Ben iman ettim, ben mü'minim' dedin. Tarafın Allah oldu.

Hayatı yaşarken her insanın önüne konan iki seçenekten biri olan hak veya batıl seçeneklerinden hak olanı tercih ettin. Batılın karşısında, hakkın da yanında olmayı yeğledin. Böylece hakka iman eden, hakkı tutup kaldıran olarak bilindin. Batılın onca debdebesine takılmadan, hakkın da bin bir çilesine aldırmadan yolunu belirledin. Yolum kendilerine haktan yana olmayı tercih edenlerin yoludur diyerek yol aldın. Düz gibi duran yolları bıraktın da çetin yokuşlarda susayacağını bildiğin yolu tercih ettin.

Keyfine göre yaşamak dururken namazla, oruçla bölünmüş ve şekillenmiş bir hayatı tercih ettin. Kafana göre değil de Kur'an'a göre şekillenecek bir hayatı benimsedin. "Ne diyorsa Kur'an ben de onu diyeceğim" dedin. "Ne kendim bir şey derim ne de başkasının dediğine itibar ederim" dedin. Sonra da Kur'an okuyan, Kur'an ile yaşayan, Kur'an için yaşayan bir insan olmaya ahdettin. Sıradan insanların tercihi yerine, Allah'a yakın olmayı gaye edinmiş insanların tercihine yöneldin. Meşakkate, çileye, sıkıntıya ve yokluğa hatta bu uğurda ölmeye razı oldun. Şeytan sana sık sık 'Bak işine sen!' türünden telkinler saldığı hâlde sen, "Bir kere girdim bu yola, benim tercihim yapılmıştır, ben seçtim seçeceğimi" dedin. Söz verdin, verdiğin sözde sadık oldun. Her sabah, her öğlen, her ikindi, akşam ve yatsı vaktinde senden tercihin sorulduğunda caymadın. İlk girdiğin yolda yürüdün. Çilen büyüdükçe, yan yollar çoğaldıkça sabrın arttı, sebatın güçlendi. Bir kere tercihini yapmış olmanın gereği idi bunlar elbette. Yılmadın, kaçmayı denemedin. Dönmek geçmedi içinden.

Rengârenk haramlar sürekli dönen bir bant gibi önünden geçti. Kimi masrafsız kimi de eşantiyonla sana sunuldu. Gözüne, kulağına hoş gelen, elinde narin duran haramlar sunuldu sana. Biraz olsun, az olsun ama senin olsun tarzından sana yaklaştırıldı haramlar. Zaman zaman en yakın çevren de sana haramları yaklaştırmak istedi. Kendine göre makul gerekçeler ürettiler senin için. Haramların biri gitti diğeri geldi. Renkleri değişti, tatları farklılaştı, gerekçeleri makulleştirildi, önüne kondu. Sen ise 'Haramdır!' dedin ve uzak durdun. Canın istese de, keyfine uygun düşse de, çevren baskı yapsa da sen değişmedin. Sen helalden yana tavır koydun. Helali seçtin, helali beğendin. Lezzeti helalde tattın. Helal, harama göre pahalı ve uzak gibi olsa da seçimin helalden yana oldu. Helali fıtratının gereği olarak gördün.

Yerken-içerken seçimin helalden yana oldu.

Giyinirken de helal ise giyindin.

Arkadaşlığın, dostluğun helal olsun istedin.

Eş seçerken helalle çıktın yola. Helal olmayandan eş seçmedin.

Konuştuğun kelimeler arasında bile 'haram sözcük' bulunmasın diye gayret ettin. Kulağına girecek sözcükler arasında haram sözcük bulunur endişesi ile her şeyin uluorta konuşulduğu meclislere bile katılmadın. Ağzına girecek haram bir lokma gibi kulağından girecek bir haram sözcük hassasiyetini tercih ettin.

Yürüdüğün yollar, giydiğin elbiseler, konuştuğun sözler, tuttuğun eşya senin tercihine şahittir. İlk tercihin olan 'her şey Allah ile ve Allah için' ilkeni her yerde, her zaman korudun. Camiye gittin orada caminin adamı oldun. Evine gittin evini cami gibi tuttun. İş yerinde de iş elbiselerinle de olsan camideki gibi bir kimlik sergiledin.

Seni bütün yakınların, arkadaşların, dostların, bilenlerin böyle bildi. Tercihini Allah'tan yana yapmış biri olarak bilindin. Seçeceğini seçmiş, seçtiğinden taviz vermez biri olarak korundun. Herkes böyle bildi. İnsanlar seni böyle tanıdılar. Melekler de böyle kaydettiler. Seçimi bitmiş bir insansın sen. Mü'minsin. İmanının gereği ile bakan bir gözün, ona göre duyan bir kulağın, o gerekle tutan bir elin var. Sözün belli, tavrın belli, kimliğin bellidir. Yeni bir kimliğe gerek yoktur. Hayatın bütününe nasıl baktığın ortada iken günübirlik bir karar için senin adına endişe etmeye ne gerek var! Senin seçimin bitmiştir. Sen seçeceğini seçtin, göstereceğini gösterdin.

Şahidin Allah Olsun

Her insan gibi sen de ye iç. Yollarda yürü, bahçelerde dinlen. Dostlarınla muhabbet et. İnsan olarak ihtiyaç hissettiğin ne varsa yap. Bak, gör, duy, tut ve kokla. Konuş ve dinle. Oku ve yaz. Öğren ve öğret.

Bir şeyi unutma yeter ki: İzleniyorsun.

Sen yaratılmadan önce senin için yaratılmış melekler, sağında ve solunda seni izliyorlar. Nerede ne yaparsan onlar seninle beraberdirler. Seni izliyorlar. Konuştuğunu dinliyor, duyduğunu duyuyorlar. Yazdıklarını okuyorlar, okuduklarını da yazıyorlar. Sen onları göremiyorsun ama onlar senden hiç ayrılmıyorlar. Biri sağında diğeri solunda seni takip ediyor. Onları unutma. Sakın onları yok gibi kabul ederek bir iş yapma.

Kanı genç bir insan olarak elbette tebessüm edeceksin. Gülebilirsin de. Ağlamak kadar gülmek de senin hakkındır. Spor da yap. Dereceler al, birinciliklerin olsun. Dağlara tırman, denizlerde yüz. Çöllerde yürü. Koş, sıçra, kaldır ve indir. Sonra da dinlen, istirahat et. Derin uykularda rüyalar gör. Hakkındır bunlar. Bu hakları da sana, seni yaratan vermiştir.

Ne annenin sütüne benzer ne babanın ekmeğine; bunlar sana seni yaratanın ihsanıdır. Hiçbir engelin yoktur bunlarda.

Bir şeyi unutma: İzleniyorsun.

Yaptığın işleri seni yaratan Rabbin görüyor. Gördüğünü de bir gün senin önüne koyacak. Nerede ne konuştuğun, ne zaman ne yaptığın sana söylenecek. Sen unutmuş olacaksın ama seni izleyenler unutmayacaklar. Öyle bir günü unutmadan ne yapabiliyorsan yap. Kendini başıboş zannetme. Tek değilsin. Rabbinin huzurundasın. Gün ortasında da gece karanlığında da O'nun huzurundasın. O seni serbest bıraktı ama hesapsız bırakmadı. Ölçün bu olsun.

Mü'min kardeşlerin de senin şahitlerindirler. Onlarla beraber yaşıyorsun. Allah görüyor, onlar da görüyor. Yarın onlar da senin şahitlerin olacaklar. Ne yaparsan yaptığını muhakkak 'mü'min insanın yapacağı iş' olarak yap. Mü'min insana yaraşmayan işi yapma.

Vakti gelince evlen; eşin olsun, çocukların olsun. Evin olsun, evinin mutfağında yemekler ye. Evinin odasında yat uyu. Misafirler çağır, misafirliğe git. Komşuların olsun, dostlar edin. Oturumlar yap. Geziler tertiple. Evine mobilyalar al. Çocuklarına oyuncaklar getir. Eşinle eğlen; sen onunla o seninle eğlensin. Evinizin ortasında mini bir dünya kur. O dünyanın da hükümranı ol sen. Evinin kralı kraliçesi gibi hisset kendini. Sen kral çocukların vatandaşların olsun. Maliyen olsun, adaletin olsun, her şeyin olsun hatta her şey senin olsun. Korkma çekinme.

Bir şeyi unutma: İzleniyorsun.

Sen ölümlüsün ama izleyenlerin ölümlü değil. Sen yoruluyorsun onlar yorulmuyor. Sen uyursun onlar uyumaz. Sen acıkırsın onlar yemez içmezler. İltimas bilmezler, yalan söylemezler, unutmazlar. Onları iyi tanı da kendi kendini kandırmaya kalkışma. Onlardan bir şey kaçırabileceğini zannetme. Öyle zannedersen sadece başını kuma sokmuş olursun. Sen aldanırsın. Bunu unutma. Unutmamayı becerebilirsen hürsün. Gençliğinde hürsün, evinde hürsün, işinde hürsün. Konuşurken, dinlerken, yürürken, otururken, eğlenirken hürsün. Yeter ki unutma onları!

Temennilerin olsun. Hayallerin olsun. Beklentilerin olsun.

Yarınları planla. Dünyalar kur. Ormanlar, bahçeler, bağlar oluştur.

Zihnin pratik çalışsın. Gördüğünden ötelerini, duyduğundan daha sessizlerini, tuttuğundan daha uzağını düşün. Düşünmekten, istemekten korkma. Bıkma ve usanma. Hayallerini kendine yük olarak görme. Bugünleri geç, yarınları atla. Asırları bir sıçrayışta sil. Ötelere git, çok ötelere asıl diyarlara git. Kendini oralarda bil. Oralılardan say ismini. Hayal kutun çatlasa da sen usanma. İstemeye devam et. Verenin gücüne bakarak iste; kendi ihtiyacına sakın bakma. Verenin gücü senin lehinedir.

İsteyebilirsin. Her şeyi istemek senin hakkındır. Cennet iste. Cennette dostlar iste. Altından ırmaklar akan köşkler iste. Ne istiyorsan iste.

Şehitlik iste. Allah yolunda ölmüşlerden olmak iste.

Bir şeyi unutmadan iste bunu: İzleniyorsun.

Ne kadar şehitlik istiyorsun ne kadar ister gibi oluyorsun, o izleniyor bunu unutma.

Bunu unutmamayı becerebilirsen o zaman istemeye devam et. Sen iste, yatağında tatlı tatlı uyurken bile şehitlik seni bulur da aradığına kavuşursun. Yeter ki Allah seni görsün. Yeter ki Allah, senin doğruluğunun şahidi olsun. O, yeter.

Bu Zaman

Bizim imanımız şudur: Bütün zamanlar Allah'ındır. Hiçbir zaman ve hiçbir mekân Allah'ın kabzası haricinde değildir. Olamaz da zaten. Dünü, bugünü ve yarını yaratan Allah'tır. Bütün yaratmaları bir hikmete dayalı olan Allah'ın, zamanın ilk lahzasından son lahzasına kadar her anını bizim idrak etmekte zorlanmış olabileceğimiz hikmetler dizisi ile yaratmış olması kadar tabii olan bir şey yoktur. Zira Allah Hakîmdir.

Dünü, bugünü ve yarını ele alırken mantığımız budur. Bizim sınavımız açısından bakarken, kendimizi, sınavımızı oluşturan olaylar dizisini dünden farklı, yarından değişik görmemizin gereği ve hatta tutarlılığı yoktur. Biz bugünün insanlarıyız. Bugün, takvimlerin şu tarih diye göstermesi açısından farklı bir zaman dilimidir.

İki binin filanca gününde olabiliriz. Biz ise sadece bugün yaratıldık. Dün yoktuk ve yarın da olmayacağız. Sonuçta ise dünü yaşayanlarla, yarın yaşayacak olanlarla aynı yerde toplanacağız. Dünkü ve yarınkilerin muhasebe konusu olacak şeyler bizim de muhasebe konumuzdur. Onlara sorulacak olan bize sorulacak. Sırattan ayrılan cennet ve cehennem seçeneklerinin gerekçelerini herkes ortak paylaşmış olarak yaşadılar bu dünyada. Namaz dün de namazdı bugün de namazdır. Yarın da namaz aynı namaz olacak.

Herkes nefisle yaratıldı. Dünkü insanların nefsi ile bugün ve yarınkilerin nefsi aynıdır. İştahları kabartan gıdaların dün ambalajsız olması bugün ise ambalajlanmış olarak sunulması bir şey değiştirmiyor. Belki de yarın, gıdaların bugün hayal edilemeyecek bir şekilde tüketilecek olması ne helali ne haramı ne de nefislerin iştah sistemini değiştirmeyecektir.

Şeytan dün de vardı, bugün de var. Yarın da elbette var olacaktır. Şeytanın sisteminde bir değişiklik yoktur. Allah Teâlâ dünyayı şeytanlı bir dünya olarak yaratmıştır. Dünyadaki sistem şeytanlı bir sistem olarak kurulmuştur. Şeytanın dün kullandığı silahlarla bugün kullandığı silahlar arasındaki fark, insanın hayatındaki gelişmelerin farkıdır. Şeytanın mantığı ve hedefi aynıdır. İnsan da aynı insandır zaten.

Cennet aynı cennet, cehennem aynı cehennem olduktan sonra dün veya yarın neyi değiştirir?

Allah'ın emirleri ve yasakları aynı olduktan sonra mü'min için zamanın ne etkisi olabilir?

Çağın adı teknoloji ile anılsın veya anılmasın, dün olsun, bugün olsun veya yarın olsun; mü'min kulluğundan başka ne düşünebilir? Gaye kulluk olduktan sonra hangi zaman ve hangi mekân makul bir özür oluşturabilir? Ne sahabenin zamanı kıskanılacak bir zamandır ne de yaşadığımız zaman engelli bir zamandır. Kâ'be'nin dibinden, Peygamber aleyhisselamın yakın akrabalığından cehenneme gidenler oldu. Kâ'be'yi ve Peygamber aleyhisselamı hiç görmeden cennete gidenler de oldu. Yakınlık uzaklık değil yakın durmak, uzak olmamak iş bitiriyor.

Bu zamanda iyi işler yapılamıyor diye hayıflanmak yerine, tam iş zamanında olduğumuzu kabul etmeye mecburuz. Tam iş yapma günündeyiz. Fitne ve fesat yayıldı ise bize iş düştü demektir. Mü'min, gökten yardım bekleyen biri değildir ki, göklere merdivensiz tırmanabilen insan mü'min insandır. Meşakkatsiz bir iman hayatı olmadı bu dünyada, ne dün ne bugün. Yarın da asla olmayacak!

Zamanımız sıkıntılar, bölünmüşlükler, acılar ve ağrılar zamanı ise iş bize düştü demektir. Zamanımızın bahaneleri yerine zamanımızın çarelerini üretiriz. Engelimiz ne ise imtihanımız da o olur. Rabbimiz bizi ne ile ve nerede sınamayı murat etti ise biz orada kul olarak varız demektir. Kışı kış olarak, yazı da yaz olarak yaşamak bizim sınavımızdır. Dertlere karşı mazeretler, zorluklara karşı hileler üretecek yerde yollar tıkandıkça çıkışlar, iş zorlaştıkça himmetler üretiriz. Dünkülerin hikâyelerine, yarınkilerin hayallerine sığınmayız. Ne zaman ve nerede varsak kendimizi orada hissederiz. Zamanımızın çarelerini üretir, umut ağımızı biz öreriz.

Bu zaman bizim zamanımızdır. Zamanımızın dertleri de bizim dertlerimizdir. Bizim dertlerimiz bizim için yaratılmıştır. Zaman tufan zamanı ise gemimizi inşa ederiz. Su basınca da gemimize bineriz. Cihadımız budur. Biz de cihat için varız. Namazın gerektiği yerde namazda ve kıyamdayız. Eğitimin gerektiği yerde de medresedeyiz, talebeyiz. Gecemizi seccadenin başında, gündüzümüzü de işte ve projede geçiririz. Biz ümmetiz, Muhammed aleyhisselamın ümmeti. Bütün zamanların ve insanların sıkıntılarının varisi olduk. Omzumuza insanlık kondu. İlk insandan beri birikmiş ve yoğunlaşmış dertler bizim elimizde çözülecek.

Biz bu zamanın ümmetiyiz. Tam da zamanında varız. Kitabımız bu zamanın rahmet kitabıdır, peygamberimiz de bu zamanın peygamberi. Neden zamanı kötüleyelim ki, bu zaman bizim için vardır. Biz de bu zaman için varız. Kulluğu reddetmedikçe zamanı, zamanın fitnelerini reddedemeyiz.

Sabrederiz, direniriz, erimeyiz, dökülmeyiz. Biz bu zaman için varız, zaman da bütün cümbüşü ile bizim için vardır. Kulluk budur, böyledir. Dün böyle idi, bugün de böyledir. Yarın da böyle olacaktır. Zamanının ayarları ile oynamaya çalışanlar ise ne ayarlarla oynayabilecekler ne de bir şey elde edebileceklerdir. Kulluğuna ve cihadına bakanlar ise bütün zamanları aşıp Rablerinin rızasına kavuşacaklardır. Bu zamanda bu kadar!

Fırsat Tepme

Bir anneden doğup dünyaya gelmek bir fırsattır. O fırsat sonunda cennete ehil olmayı kazanma fırsatıdır. Allah'ın insan yarattığı kulları arasında niceleri bu fırsatı tepip cennetten mahrum kalacakları ebedî ziyanlara yol aldılar. Nice kulları da doğup dünyaya gelmeyi en büyük fırsat olarak bilip ebedî kalacakları cennetlerin kuşları olarak uçup gittiler Rablerine. Kimi fırsata sarıldı kimi de tepti. Herkes o fırsatı ne yapacağı izlensin diye gönderildi.

Mü'min olarak yaratılmak, mü'min anne babanın çocuğu olmak, ezan duymak, ezanla büyümek altından değerli fırsatlardandır. Kulaklarını ezana açanlarla, ona tıkayanlar aynı dünyada yaşadılar, aynı havayı soludular ama aynı yerlere gitmediler. Ezan duymayı fırsat olarak bilemeyenler çığlıklardan başka bir şeyin duyulmayacağı azap diyarına salındılar. Orada, ezan fırsatını kaçırmanın cezası olarak sonsuzluk süresince çığlık duyacaklar. Kulaklarını ezana ayarlayanlar ise çileli bir dünya hayatından sonra sonsuzluk süresince ırmak şakırtıları, kuş sesleri ile donanmış diyarın sakinleri olacaklar.

Kur'an okuyabilen ve 'Allah buyurdu ki' sözünü o söze yaraşır bir ağırlıkla dinleyebilenler de eşsiz bir fırsat sahibi oldular. Hayatlarını Kur'an ile donatmanın karşılığı olarak Kur'an'ın sahibine iyi kulluk yaptılar. İyi kulluğun bedeli olarak da iyilerle, nebilerle, şehitlerle, sıddıklarla beraber oldular. Fırsat önlerine geldi, fırsatı kendilerine ayarlamaya yeltenmeden kendilerini fırsatın gereklerine göre ayarlayıp kazandılar.

İnsan bu; doğması, yaşaması, her şeyi bir fırsattır. Gündüzü fırsat, gecesi fırsattır. Yazı fırsatlarla doludur, kışı fırsatlarla doludur. Üstü altı, sağı solu, önü arkası, her yeri fırsattır. Allah'ın nimetleri fırsattır. Kula imtihan olarak gelen ve sıkıntılı bulduğu süreçler de fırsattır. En sevilmesi zor şey hastalık ve onun gibi çile saydıran şeyler fırsattır. Kulu Rabbine yaklaştırır, günah eritir, seviye yükseltir. Çilesinde bile fırsatlar bulunan bir hayat yaşarız bu dünyada. Kazananlar doğarken, yaşarken, sağlamken ve hasta iken hep kazanırlar. Kaybedenler de yürürken bile sürçüp düşen gibi her şeyden kaybederler. Kazanan yatağında bile kazanırken kaybeden namazında da kaybeder adeta.

Hayatı Allah'ın nimetlerinden bir nimet olarak gördüğümüz gibi o nimeti önümüze konmuş fırsatlardan bir fırsat olarak da görmeye mecburuz. Elden gittikten sonra değil elde iken değerlendirilen şeyin hesabı yapılmalıdır. Gençlik, güzellik, güç, irade, bilgi birer nimettir. Her nimet de sahibi için bir fırsattır. İyi bir dünya hayatı için fırsattır. Cennet kazanmak için fırsattır. Kaybedildiğinde de sadece dünya kaybedilmiş olmaz. Mini bir dünya yanında ebedî ahiret de kaybedilmiş olur.

Sabretmeyi bilmek fırsatı değerlendirmektir. Acelecilik tepmektir.

Azmetmek, azmin peşinden yürümek sonunda fırsatı kazanmaktır.

Dünden bugüne nice fırsatlar kaçtı gitti elimizden. Kimini oyun zannettik, kimini de eğlence. Bazen bile bile bazen de gafletle yitirdik onları. Zaman oldu çevremiz tuzağa düşürdü bizi, zaman oldu şeytanı dost zannettik. Arkadaşa kurban olduk, dost tuzağına kapıldık. Kıymet bilemedik, sabredemedik. Acele ettik, yanlış ettik. Öyle veya böyle dünden bugüne teptiğimiz fırsatların hepsinde biz vardık, her bir fırsat bir hüsranımız daha demek oldu bizim için. Ramazan'ı, bayramı, gecesi, gündüzü, Cuması, haccı, umresi, sadakası, tebessümü, annesi babası, kardeşi, zikri, kıraati, yetimi, camisi, medresesi, âlimi, ilmi, her biri fırsattı hayatımızda. Her bir fırsat da bir kere idi bizim için. Biz onları bir öncekinin devamı, bir sonrakinin de başı zannetsek de notunu tutup değerlendiremediğimiz her hadis dersi bir fırsattı aslında. Huşuunu kaybettiğimiz her namaz mükemmel bir fırsattı. Dua ile donatamadığımız her iftar saati eşsiz bir fırsattı. Kur'an'ımızın her ayeti okunurken veya dinlenirken bir fırsat kümesi idi.

Giden fırsatlar gitti. Keşke sadece gidenler gitmiş olmakla bitse de yeni yeni fırsatlar tepmeye devam etmese idik. Sabah namazı ile başlayan bu gündüzün, bu gecenin içinde bile kim bilir nice fırsatlar amel defterlerimizi karalaya karalaya heba olmaktadır. Karşılaştığımızda yüreklerimizi selamlaştıramadığımız bir mü'min kardeşimizle buluşmamız gibi. Eğlenceye, mizaha ve tiyatroya çevirdiğimiz her Ramazan gecesi gibi. Ne fırsatlar tepmişiz meğer, ne Ramazanlar eritmişiz.

Yeter artık; bari oruçlarımız kalsın. Bari Ramazanlarımız kalsın. Cennet fırsatımız olarak kalsın o muhteşem günler ve geceler!

Hangi An Önemsiz Olabilir?

Yarın Rabbinin huzurunda durduğunda sorgulanacaksın. Ömrünün tamamından bir sorgu gelecek. Doğumundan ölümüne kadar bütün günler ve geceler sorulacak. Yıllar, aylar, haftalar ve günler sorulacak. Günlerin saatleri de incelenecek. Saatlerin dakikaları nasıl kullanıldı diye incelenecek. Dakikaları da bölecekler hesap yerinde. Saniyeler koca bir zaman dilimi gibi açılacak gözlerinin önünde. İş, aldığın verdiğin nefeslere indirilecek o gün. Ne bilmezden gelebileceksin ne de görmezden, her şey belgelenmiş olacak. Melekler senin saniyelerini hesaplamış olacaklar. Sana sadece itiraf etmek kalacak. O itiraf da geri getirilemez fırsatların hasreti ile ezecek seni.

Mü'min olmak, bu hakikati şu anda gözünün önünde gördüğün bir eşyadan daha kesin görüyor gibi inanmayı gerektiriyor. Kim yarattı ise seni, sana ömür veren kim ise hesap soran da o olacak o gün. Pişmanlık fayda vermeyecek, ağlamak gülmeyi getirmeyecek, yalvarmak yararsız olacak.

Namaz kılmamış olmak nasıl bir hata ise Allah'ın en büyük nimeti olan zamanı boşa geçirmiş olmak da öyle bir hatadır. Ağlatan ve kahreden bir hatadır zaman israf etme hatası. Ramazan gününde kasten oruç yemek ne ise sıradan bir günü boş işlerde yiyip bitirmek de öyledir. Biri oruç yemektir diğeri de ömür yemektir. Oruç yendiğinde kazası olur, kefareti olur da, çiğnenip yenen bir günün ya da bir gündeki saatlerden birinin ne kazası olur ne de kefareti. Olsa olsa nedameti olur, hasreti kalır, gözyaşı birikir çenelerinde.

Mü'min kendisine ait olmayanı izinsiz olarak almaz ya; ona verilmiş bulunan zaman da onun değildir aslında. O nasıl kiracı iken kendisini mal sahibi görmüyorsa zamanı yaşarken de kendisini zamanın sahibi gibi görmez. Zaman onun değildir. Kullandığı zamanın kiracısıdır. Zaman başkasınındır. Başkasının malını gasp ettiğinde ya da çaldığında hangi role takılı kalıyorsa, kendisinin zannettiği zamanı heder ederken de o rolde takılıp kalır. Zaman olduğu gibi Allah'ındır. Yıllar O'nundur. Aylar O'nundur. Haftalar, günler O'nundur. Saatler, saatlerin dakikaları, dakikaların saniyeleri O'nundur. Biz sadece O izin verdiği için kullanıyoruz zamanı. Emanetçiyiz, hesabını vereceğimiz emaneti tüketiyoruz.

Böyle iman ederiz, bu imanla yaşamayı mü'min olmak olarak biliriz.

İçinde bulunduğumuz çağ, insanların zaman bolluğu içinde olduklarını zannettikleri bir zaman olabilir. İsraf ettikleri zamanı kendi haklarını kullanma kılıfı ile kılıflandırmış olabilirler. Kimsenin kimseye 'ne ettin onca dakikaları?' demeye hakkı olmayabilir. Hatta israf etmek en tabii hak gibi de görülebilir. Varsın insanlar böyle görsün, böyle düşünsünler. Varsın en ucuz şey vakit olsun. Varsın insanlar, geçirdikleri zamanın geri gelmeyeceğini unutmuş olsunlar. Arş'ın gölgesine yürüyen, yüreği hür bir genç isen, sen zaman cimrisi olacaksın.

Bir dakika, bir kere 'Allah En Büyüktür!' diye fezada inleyecek bir teşbihi haykırmaya yetmez mi? Bu haykırış da seni Arş'ın gölgesine doğru yürütmez mi? O zaman senin bir dakikan Arş kadar değerlidir. Bir günün seni Arş'a kadar yükseltebilir. Aynı gün senin en derin sefaletlere düşme nedenin de olabilir. Bir gün asla az değildir, ucuz hiç değildir.

Dünyayı hayatın aslı ve esası zannedenler yaşadıkları zamanı yaza kışa göre bölebilirler. Yazın bir renk, kışın başka bir renk olabilirler. Çiçeklerin şenlik dönemi olan baharı kendi şenliklerine dönüştürebilirler. Meraların güzelliğini, ağaçların dallarındaki kuşların cıvıltısını, derelerin gürültüsünü güzelliklerin aslı zannedebilirler. Dinlerini evlerinde bırakıp tatile çıkabilir insanlar.

Sen, gözünü Arş'ın gölgesine dikmiş bir gençsin.

Sen, kalbindeki prangaları parçalamış bir gençsin.

Hürriyetini ilan etmiş, şehvetlerine ve çevresine esareti reddetmiş bir gençsin.

Hürsün. Prangalardan, kör taklitlerden, batıl kültürlerden arınmış bir gençsin.

Elbette tatil yapacaksın. Sen de sahillerde yüzeceksin. Ormanlarda kamplar yapacaksın. Kışlık elbiselerinin yerine yazlıklarını giyeceksin.

Uçağa bin, trene bin, gemide seyahat et. Bisiklet kullan, araç kullan. Çimenlere uzan ve gökleri temaşa et. Bulabildiğin en büyük dürbünle ufukları tara. Bak ve görmeye çalış. Arkadaşların olsun, sev ve sevil. Gül ve güldür. Koş, atla, yüz.

Şu dünyanın mubah olan her nimeti sana feda olsun.

Yeter ki sen, Arş'ın gölgesine yürüyen yolundan geri kalma.

Takvanı kışta dondurup yazda erime!

Tarihi Sen Yaz

Herkesin gündelik dünyasının peşinde olduğu bir idrakin ortasında sen günleri, yılları aş ve asırların çatısından bak dünyaya.

Göklerden yeri izle.

Bulutlar gibi seyret dağlar gibi kabarmış sorunları.

Kimi dağları gölgele, kimi vadilere de rahmet boşalt.

Asırları ve asırların biriktirdiği karmaşık sorunları avucunun içine al; günler, yıllar ve asırlar sende bir an gibi olsun.

Geçmişle geleceği buluştur.

Geçmişten geleceğe ara adam ol. Yorulan insanlık, tükenen umutlar, sönen bakışlar sende ruh bulsun.

Sürünen düşünceleri ayağa kaldır.

Dikil dağlar gibi kabarmış sorunların karşısına ve dimdik dur ayakta.

Geçmişe bak, geleceği gör.

Nûh'un gemisinden seyret insanlığı.

İbrahim'in ateşine dal; ateşten gömleklerle çiçekler diken bahçıvanı ol bu nesillerin.

Nemrutlar, Firavunlar, Ebreheler o avucunun içine aldığın koca dağlar gibi dertlerin ortasında kalıvermiş kum tanecikleri gibi senin kabzanda kalsın.

İblis'in karşı cephesine geç.

Asırlardan beri peşinde sürüklediği nesilleri kendine çağır.

Sürünenlere yürümeyi, uyuyakalmışlara uyanmayı, lokması kursağında kalanlara yutkunmayı, gülmeyi unutmuşlara gülmeyi öğret.

Ellerindeki Kitab'ı raflarda tutanlara okumayı, okuduğuyla amel etmeyi öğret.

Statlarda tükenen kalabalıklara sarıl, onlarla iletişim kur.

Duyamadıklarını, göremediklerini, anlayamadıklarını önlerine koy.

Dünyayı cennet zannedip de ona tapınır gibi yüreklerine koyanlara cenneti anlat.

Dünyanın cennet olmayacağını bildir.

Elden avuçtan gitmek üzere olan bir neslin önünde dur.

Onlar ne kadar kalabalıksa sen de o kadar genişlet göğsünü ve önlerine geç.

Durdur o kör gidişatı.

Geçmişle geleceğin kesiştiği yerde sen ışık ol, işaret ol, yön ol.

Senin gözyaşların ve alnından boşalan terlerin mürekkep olsun.

Yere basağın ayağındaki her parmağın da bir kalem olsun.

Asırlar sonra okunacak tarihi yaz.

Şimdiki zamanlarda, her şeyin teknoloji olduğu, insanların mekanikleştiği, metal insandan söz edildiği bir zamanda yaz tarihini.

İnternetin karmaşık ağlarındaki, gözlerden renklerin silindiği, anlayışlardan iffetin kaldırıldığı, imanın camilere gömülüp camilerin iman ve ibadet mezarlığına çevrildiği, peygamberlerin davalarının haftalara, törenlere, afişlere heder edildiği zamanların delikanlısı olarak o gözyaşın ve terinden mürekkep yaptığın, ayak parmaklarında da kalem yaptığın azametinle yapılamayanların yapanı, unutulanların hatırlayanı, gidilemeyenlerin gidebileni umut insan, yürekli insan olarak sen yaz tarihini.

Asır hangi asır olursa olsun, bir gencin ateşlerde yanmadan nasıl İbrahimleşebileceğini yaz.

Senin yazdığını O ilk İbrahim de okusun.

Melekler okusun, nesiller okusun.

Okuma bilen de bilmeyen de okusun.

Asırlar sonra da olsa bir gencin tek başına bir gemi yapıp kalabalıkları gemisine bindirebildiğini göster ve yaz.

Kendi zamanının Nûh'u olarak yaz adını.

Okuyan seni öyle okusun.

O ilk Nûh da seni öyle bilsin, melekler de.

Musa ol, yar denizleri, geç Firavunları, batır Karunları, takılma Hamanlarına.

Sen Bilal ol kızgın kayaların üzerinde.

Ammar ol, Sümeyye ol, Mus'ab ol.

Gazi ol, mücahit ol, şehit ol.

Bedirlere dal, Uhudlara tırman, Hendeklerden sıyrıl.

Kadisiyelerden çağır bizi, Yermüklerden sesin gelsin.

Kudüs'ten dön Kâ'be'nin etrafını.

Ne zaman doğmuş olursan ol, nerede yaşarsan yaşa.

Kim olursan ol.

Adını, künyeni, numaralarını unut; hakkı hatırla, hilkat nedenini tefekkür et.

Sonra da başla tarihini yazmaya.

Yazdığın tarihin senden sonra okunsun.

Onu okuyanlar seninle şenlensin.

Bir büyük meydanda senin eline verildiğinde de yazdığın o tarih sen şen ol.

Şen ettiklerin de senin o gün şahitlerin olsun.

Şen ol, şen et ey tarih yazan genç.

Dünyada iken Arş'ın gölgesine tarih yazan yiğit;

Meleklerin defterlerine yazan kabiliyetin adamı,

Durma bir an, uyuma ve uyutma!

Sadece yaz.

O büyük yerde sana okunacak tarihini yaz.

Gözyaşın ve alnında terin varken yaz sen!

Kudüs Şehir Değildir

Kudüs bir şehir adı olabilir. Dünya coğrafyasında koordinatları şurayı veya burayı gösterebilir. İklim olarak çöl iklimine bağlı bir yer de olabilir. Bunlar bizim zihinlerimizdeki Kudüs'ü tarif etmez.

Biz Kudüs sözcüğünü duydukça coğrafyanın sınırlarını aşan bir yer anlarız. Dünyayı göklere bağlayan istasyonlardan biridir bizim için Kudüs. Yerden göklere yükselişi simgeler. Birliği temsil eder. On binlerce nebinin içtima noktası olarak durur dünya durdukça. Oradan göklere yükselmiş Nebi'nin ardından bütün gözler takılı kalır onun toprağına.

Yükselmek istendikçe onu arayacaktır gözler. Miraca yükselmek için yaşayanların varlığı, ilk miracı hatırlayacaklardır.

Namaz ve kıble anıldıkça ilk kıble unutulmayacaktır. Onu unutanlar önce namazı unutmuşlardır. Yüreklerden namaz silinmedikçe Kudüs silinemez. Kudüs'ün adı var da heyecanı yoksa bu demektir ki, namazın da adı var heyecanı yoktur. Kudüs namazın seccadesi gibidir adeta. Namaz unutulmadan Kudüs unutulamaz.

Kudüs, Arapların değildir.

Kudüs Arap da değildir.

Kudüs namazın merkezidir, namazgâhtır o. Namaz ne kadar Arapların işi ise o da o kadar Araplara aittir. Mekke ne kadar bir ırka mal edilebilirse Kudüs de o kadar bir ırkın olabilir.

Kudüs İslam'ındır, İslam'ın simgesidir.

Bütün ezilmişliğine, yok edilmek için kuşatılmışlığına rağmen Kudüs, cihadın en aktif noktası olarak kalacaktır. Bütün cepheler çökse de orada cihat unutulmayacaktır.

Mekke, Medine ve Kudüs.

Mescid-i Haram, Mescid-i Nebi ve Mescid-i Aksa.

Üç merkezin üç mescidi.

Mü'min her kalbin nabzının attığı üç noktadır. Nabızlar attıkça hayat var, azaldıkça da hayat emaresi düşüktür. Mü'min insanlar ne bu noktalardan uzak kalabilirler ne de onlara alternatifler bulabilirler.

Kudüs Mekke'dir, Medine'dir.

Mekke Kudüs'tür, Medine'dir.

Medine de Kudüs'tür, Mekke'dir.

İman böyledir, böyle olmalıdır. İmanı bu olmayanın ya da Kudüs'ü haritalardaki şehirlerden biri zannedenlerin imanı da harita üzerindedir.

Kudüs, şehir değildir. O dindir, imandır, davadır, heyecandır, simgedir, ölçüdür. Onunla ölçeriz cihat tutkumuzu, fedakârlık samimiyetimizi. Sabır ve sebat mihengimizdir o. Garipliğimizin tecelligâhıdır.

Kudüs bir aynadır; kim kimdir, sözler ne kadar samimidir, ne kadar da riyakârdır, onun duvarlarına bakarak anlarız onu.

Kudüs şehir değildir. Bilakis samimiyettir, unutmamaktır, vefadır, ümmet olmak veya olamamaktır. Katettiğimiz yolumuzu onda ölçeriz. Dünümüzü de yarınımızı da onun üzerinden tartarız. O şehir değildir; şehirler kuran medeniyetin beşiğidir Kudüs. Onunla ölçeriz, onunla ölçülürüz biz. Onunla uyur, onunla kalkarız.

Bak, İşte Bayram!

Sen ve Rabbin,
Sen ve senden öncekiler,
İyiler, güzeller,
Peygamberler, şehitler,
Öndekiler, arkadakiler,
Mazlumlar, garipler,
Alnı secde ile iz yapmışlar,
Oruçlular,
Gecesi Kadir olanlar,
Gündüzü aşınmış ayaklarla geçenler,
Sabredenler,
Sebat edenler,
Yılmayanlar,
Erimeyenler,
Kur'an adamları,

Sünnet'e adanmışlar,
İlmiyle amel edenler,
Amelinde ihlâslılar,
Herkes orada,
Bir daha üzülmemek üzere,
Sadece mutlu olmak için,
Sadece dostlarla beraber olmak için,
Seyretmek için akıbeti,
Doyasıya bakmak için Cemal'e,
Sen ve Rabbin Allah!
Oradasın, bayram yerindesin,
Bayram için, bayramın olsun diye.
Hazır ol, bak işte bayram!

NOTLAR

NOTLAR